중국몽의 추락

중국몽의 추락

중국은 글로벌 네트워크에서 사라진다

이 승 우 저

기파랑

중국몽의 추락

중국은 글로벌 네트워크에서 사라진다

초판 1쇄 발행 2020년 8월 20일

지은이   이승우
펴낸이   안병훈
펴낸곳   도서출판 기파랑
등 록   2004. 12. 27 제300-2004-204호
주 소   서울시 종로구 대학로8가길 56 동숭빌딩 301호   우편번호 03086
전 화   02-763-8996(편집부) 02-3288-0077(영업마케팅부)
팩 스   02-763-8936
이메일   info@guiparang.com
홈페이지   www.guiparang.com
©이승우, 2020

ISBN 978-89-6523-599-6   03300

이 책은 관훈클럽 정신영기금의 지원으로 저술되었습니다.

미중 패권 경쟁, 어떻게 대처할까

이 책은 점점 그 강도가 심해지고 있는 미중 패권 경쟁 속에서 우리가 어떻게 대처해야 할 것인가에 대한 방향을 저널리스트의 시각에서 명쾌하게 제시한다. 저자는 중국이 세계 2위의 경제 대국으로 도약한 것은 미국의 도움으로 미국이 주도하여 만들어 놓은 시스템 속에서 이뤄진 것으로 진단하고, 미국이 중국을 견제하는 상황에서 중국이 미국을 앞서는 세계 제일의 경제 대국이 되는 것은 어려울 것으로 보고 있다.

중국이 세계의 중심으로 도약하겠다는 '중국몽'은 중국의 정치 사회 체제와 경제 시스템이 아직 충분히 성숙하지 않은 상태에서 세계 최강 미국에 도전장을 던진 것이기 때문에 성공하기 어려울 것으로 저자는 전망한다. 책은 미국의 중국에 대한 견제는 트럼프 대통령 통치 시기에만 진행되는 일회성 사안이 아니라 미국 지도층 전체가 합의해서 선택한 장기적 차원의 국가 생존 전략이라는 점에 주목하면서, 우리도 이 문제에 지속적 관심을 가지고 대처해야 한다고 촉구한다.

바쁜 기자 생활 가운데 이러한 역저를 만들어 낸 저자의 노력에 경의를 표하며, 이 책 출간을 계기로 우리 사회에서 미중 패권 경쟁과 우리의 대처 방향에 대한 보다 심층적이고 건설적인 논의가 활발하게 전개되기를 기대한다.

김성환(전 외교통상부장관. 동아시아재단 이사장)

'보고 싶은' 중국이 아니라 '있는 그대로'의 중국

중국과 미국 간 전략적 경쟁이 날이 갈수록 뜨거워지고 있고 그 결말은 중국의 이웃으로 살아가는 대한민국의 미래에도 심대한 영향을 미칠 것이다. 우리의 동맹국 미국과 동아시아 패권을 노리는 중국 간의 천하를 둘러싼 대결에서 대한민국은 선택의 기로에 서 있다. 그러나 일반 국민들의 중국에 관한 인식 속에는 조선 사대부들의 사대주의적 위정척사 사상과 모화사상의 잔재가 여전히 뿌리 깊이 남아 있다.

이승우 기자는 이 책에서 날카로운 기자와 현실주의자의 눈으로 시진핑이 추구하는 '중국몽'의 실체와 함의를 파헤치고 미중 간 대결 속에서 대한민국이 선택할 길을 제시하고 있다. 보고 싶은 중국이 아니라 있는 그대로의 중국을 이해하고, '중국몽'이 대한민국의 운명에 어떤 의미를 갖는지를 일깨우며, 중국에 대한 편향된 담론의 균형을 잡는 데 이 책은 소중한 길잡이가 될 것이다.

천영우(전 청와대 외교안보수석, 한반도미래포럼 이사장)

단숨에 읽는 '고래 싸움' 헤쳐 나갈 지혜

미국과 중국의 대결이 돌이킬 수 없는 국면으로 접어들고 있다. 우리나라에는, 특히 작금의 집권층 인사들 중에는 중국을 미국과 맞먹을 수 있는 강대국이라고 생각할 뿐 아니라 차세대의 지구 패권국이라고 생각하는 사람들도 많다. 그래서 그들은 미국보다는 중국과 잘지내는 것이 좋다며, 친중적인 정책을 펼쳐야 한다고 주장하고 또 그렇게 행동하고 있다. 그러나 전문가의 시각에서 보았을 때 중국이 미국을 제압하고 차세대의 패권 국가가 되리라는 것은 허망한 꿈이다.

이 책 역시 "중국몽은 일장춘몽"이라고 단언한다. 이 주장은 국제정치학적 진실이다. 이승우 기자는 이같이 주장할 수 있는 수많은 근거들을 성실하게 수집, 정리하고 친절하게 해설하고 있다.

이 책은 최근 한국에서 출간된 미중 패권 전쟁 관련 어떤 책 못지않게 풍부한 역사, 정치, 경제, 군사 자료들을 제시했을 뿐 아니라 누구라도 쉽게, 빠르게 읽고 이해할 수 있는 문체로 작성된 수작(秀作)이다. 중국과 미국이 벌이는 고래 싸움에서 우리는 과연 어떤 국가전략을 택해야 할지에 대해 올바른 지혜를 주는 좋은 책이다.

이춘근(정치학박사, 이춘근국제정치아카데미 대표)

한반도 운명 좌우할 전략 수립의 나침반

미래 대한민국과 한반도의 운명을 결정할 가장 중요한 요인이 미중 패권 경쟁이다. 이 문제에 대한 국가 전략의 정립이야말로 국가 경영의 요체라 할 것이다.

이 책은 이에 대한 해답을 찾는 데 나침반을 제공한다. 확고한 현실주의적 관점에 입각해 국제 정세를 일관된 논리와 사실 탐구에 의해 분석한 것이 돋보인다. 나라의 미래를 걱정하는 사람들에게 지적 자극을 제공하는 데 부족함이 없다.

박형준(전 국회 사무총장. 동아대학교 교수)

'안보는 미국, 경제는 중국' 이제는 옛말

"세계에서 중국을 가장 잘 알아야 하는 나라는 어디일까?"

이 책은 국내·국제 정치 분야에 오랜 세월 천착해 온 이승우 기자가 중국의 허상을 벗겨 내고 '있는 그대로의 중국'을 직시하고자 저널리스트로서 자존심을 걸고 전력을 다한 산물로 읽힌다.

저자가 밝히듯 미국의 방대한 정보와 다양한 프리즘을 바탕으로 대한민국의 현재와 미래를 생각하며 냉정한 현실주의자의 시각으로 쓴 이 책은 중국 편향 인사들에게는 상당한 불편함을 줄 만큼 적나라한 내용과 예리한 통찰을 담고 있다.

미중 데탕트 설계자로 칭송을 받던 키신저가 중국을 프랑켄슈타인으로 만든 장본인으로 비난 받는 이유, 미국이 중국의 기술 패권 전략을 초토화하고 궁극적으로는 글로벌 네트워크에서 중국을 격리하려는 이유, 한국이 '안미경중(安美經中)'이라는 편리한 구도에 더 이상 안주하기 어려운 이유, 지정학을 모르면 국가나 기업이나 생존할 수 없는 이유를 생생하게 알고 싶다면 당장 이 책을 펼쳐보라.

김상협(KAIST 글로벌전략연구소 지속발전센터장, 전 청와대 미래비전비서관)

| 차례 |

제1부

중국몽은
일장춘몽

2020년 6월, 중국 톈안먼 사태 31주년을 맞아 "홍콩 독립"이라는 구호가 적힌 깃발을 들고 거리로 나온 홍콩 시민들

중국몽과 신냉전

중국은 지금 과거의 영화를 되살리려는 꿈을 꾸고 있다. 세계의 중심이라는 국호처럼 최강국의 지위를 복원하고 세계를 지배하겠다는 꿈이다. 중국 지도부는 이것을 '중국몽(中國夢)'이라고 부른다.

중국몽이 던진 파문이 세계 전체를 뒤흔들고 있다. 중국 지도부가 중국몽을 외치며 제국주의 발톱을 드러내면서 한반도를 포함한 동아시아는 물론 세계 전체가 격랑에 휩싸였다. 세계 최강국인 미국은 노골적으로 중국 견제에 나섰고, 옛 소련의 분열 이후 '세계화'를 화두로 지내 온 지구촌은 다시 '신냉전(New Cold War)'이라는 긴장 속에 던져졌다. 특히 지정학적으로 주변 강대국들이 세력 충돌을 거듭해 온 한반도는 다시 구한말과 같은 대위기에 빠질 가능성을 우려할 지경에 왔다.

'신냉전'은 중국몽이 불러온 당연한 사태이자 결과물이다. 중국은 그 존재 자체가 동북아시아 역내 평화는 물론 세계 안녕을 저해하는 위협으로 부상했다.

미국과 중국의 충돌이 '총성 없는 전쟁'으로 격화하고 있는 것은 한반도가 다시 20세기에 여러 차례 겪었던 참담한 위기 속으로 내몰리고 있다는 신호이기도 하다. 두 강대국의 충돌은 우연이 아니며, 그 배경에는 바로 '중국몽'이라는 중국의 제국주의적 야망이 숨어 있다. 미국과 중국이 이제는 막말까지 주고받으며 적대하는 원인과 앞으로 전황의 전망을 알고 싶다면, 그 유일한 길은 중국몽의 실체와 실현 가능성을 정확하게 이해하게 하는 것이다.

미중 'G2'는 허상이었다

중국은 이미 수년 전부터 자국이 세계 최강 반열에 올라섰다고 자평하기 시작했고, 친중 국가들은 이에 암묵적으로 동의한다는 의중을 드러내 왔다. 중국과 친중 국가들은 머지않아 미국이 쇠퇴하고 중국이 주도하는 세계 단극(單極) 질서가 올 것이라는 주장을 장기간 서서히 확산시켜 왔다.

이런 주장은 애초 중국 정권과 관변 연구 기관들을 중심으로 제기됐다. 이런 주장을 편 대표적인 인물이 관변 학자인 칭화(淸華)대의 후안강(胡鞍鋼) 교수다. 한때 그는 시진핑(習近平) 국가주석이 제시하는 국정 철학과 외교 노선의 이론적 근거를 뒷받침하는 이데올로그로 인식돼 왔다. 후 교수는 2016년 중국이 이미 미국을 추월했다는 '슈퍼파워 차이나(Superpower China)' 이론을 곳곳에서 설파했다. 중국이 미국을 넘어 세계 최대의 제조업 국가, 최대의 무역 국가, 최대의 경제 체제가 됐다는 게 슈퍼 차이나론의 핵심이었다. 이는 중국이 주도하는 세계가 머지않다는 자신감의 표현이기도 했다. 미국이 이끄는 '팍스 아메리카나(Pax Americana)'가 끝나고 '팍스 시니카(Pax Sinica)'의 시대가 온다는 주장이다. 세계 유일 강대국은 미국이 아니라 중국이란 의미다.

그런데 이런 터무니없는 주장이 사실처럼 받아들여지는 이상한 현상이 나타나기 시작했다. 세계 각국에서도 친중 학자와 전문가, 정치인, 기업인 등을 중심으로 후 교수의 주장을 근거로 들며 '세계 최강 중국'을 거론하는 목소리가 고개를 들었다. 심지어 미국의 급격한 몰락을 예측하는 주장까지 나왔다. 중국으로부터 물질적, 정신적으로 가장 큰 영향을 받는 나라 중 하나인 한국에서도 학계와 언론 출판계 등을 중심으로 중국 관변 학계의 이런 터무니없는 주장에 호응하는 논조가 형성됐다. 후 교수의 이론도 여러 차례 우리 매체와 학계 등에서 소개됐다.

이런 논리는 알지 못하는 사이 국민들의 의식 속에도 자리 잡았다. 한국인들이 아직도 중국 콤플렉스에서 벗어나지 못하고 있음을 보여 주는 일례다. 수천 년간 중국에 눌려 오면서 형성된 DNA 탓인지, 중국의 주장을 비판 없이 받아들이는 경향이 있다는 점을 부인할 수 없다.

2016년 사드(THAAD, 고고도미사일방어체계) 배치에 반발한 중국이 한국을 겨냥한 경제 제재를 단행하고 우리 기업과 가수, 배우들을 배척하고 탄압했을 때 단호한 대응은커녕 목소리조차 제대로 내지 못한 것 역시 이런 콤플렉스에서 기인했을 가능성이 있다. 당시 다수 서구 전문가들이 "한국이 국제기구 등을 통해 원칙적으로만 대응했어도 오히려 중국이 코너에 몰렸을 것"이라고 지적한 일을 기억할 필요가 있을 것이다.

미국과 중국을 양강으로 지칭하는 'G2(Group of Two)'라는 말이 유독 한국에서 진실로 받아들여지고 널리 통용되는 것 역시 이런 중화 사대주의와 무관치 않다.

중국이 세계 최강 G1이 된다는 슈퍼 차이나론이 허황됨이야 말할 것도 없지만, 미국과 중국이 대등한 양대 강국이라는 명제 역시 경제, 군사, 동맹 관계, 사회 시스템 등 여러 측면에서 사실은 성립하지 않는다.

G2라는 용어는 2006년 즈음부터 미국 재계와 학계에서 간간이 눈에 띄기 시작했다. 미국 월 스트리트의 증권 전문가들이 당시 블룸버그 통신 등에 기고한 글에서도 G2라는 말이 나온다.

이 말을 처음으로 공식화한 사람은 역대 미국 민주당 행정부에서 관료이자 이론가로 오랫동안 영향력을 발휘한 즈비그뉴 브레진스키 전 백악관 국가안보보좌관이라는 게 정설이다. 그는 2009년 1월 중국 베이징을 방문해 G8(주요 8개국) 회의와 별도의 'G2 회담' 개최를 본격 주창했고, 당시 각국 언론이 이를 크게 다뤘다.

중국이 G2라는 용어를 비공식적이지만 빈번하게 쓰기 시작한 것은 2009년 4월 영국 런던에서 열린 G20(주요 20개국) 정상회의부터다. 회의 기간 버락 오바마 미국 대통령과 후진타오(胡錦濤) 중국 국가주석이 만나 관계 강화에 합의하자, 중국 언론과 전문가들은 이를 'G2 정상회의'라 부르며 축제 분위기에 휩싸였다.

2011년 1월엔 후 주석이 미국 워싱턴을 방문하며 중국은 'G2 시대의 개막'이라는 자아도취에 빠지기 시작한다. 중국 최고 지도자로

14년 만에 미국을 국빈 방문하는 후진타오 주석과 오바마 대통령의 만남은 '세기의 회담'으로 평가받았고 중국 외에도 각국의 많은 친중 전문가들이 이를 G2 시대를 여는 상징적 사건으로 바라봤다.

한껏 자신감에 찬 중국은 시진핑 시대로 넘어오면서 모든 면에서 미국과 대등한 위치가 됐다고 자부하기 시작한다.

2013년 6월 미국 캘리포니아 휴양지 랜초 미라지에서 열린 오바마 대통령과 시진핑 주석의 정상회담은 2년 전보다 더욱 높아진 중국의 위상이 드러난 자리였다. 시 주석은 당시 중국의 핵심 이익을 국제 관계 속에서 보장받는다는 '신형 대국 관계(新型大國關係)'를 호기롭게 언급했다. 당당히 미국과 어깨를 나란히 하겠다는, 다소 도발적인 제안이었다. 이는 그보다 약 7개월 전 시 주석이 중국의 지도자로 선출되면서 내세운 통치 이념이자 국정 목표인 '중국몽'을 세계 최강국 미국 땅에 와서 내심 드러낸 장면이기도 했다. 중국 관영 매체들은 이런 광경을 1972년 리처드 닉슨 대통령의 중국 방문에 비견되는 역사적 사건으로 평가하며 장밋빛 꿈에 부풀었다.

하지만 이런 꿈은 중국의 착각, 그야말로 일장춘몽이었다. 이후 미중 관계는 점점 대립 구도로 악화했고, 미국은 중국을 더는 방치해서는 안 될 국가적 위협으로 바라보는 시각을 노골화하기 시작했다.

G2라는 표현 역시 미국과 중국, 주변국들의 언론에서만 쓴 일종의 유행어였을 뿐 국제적으로 인정받은 용어는 아니다. 실제로 당사자인 미국과 중국 정부는 'G2'를 공식적으로는 쓰지 않았다. 오히려

중국에서는 G2라는 덫에 휘말려서는 안 된다는 의견도 적지 않았다. 후진타오 정부 시절만 해도 G2라는 말에 중국 관료들은 손사래를 쳤다. 원자바오(溫家寶) 당시 총리도 이 말에 부정적인 견해를 밝힌 바 있다. 덩샤오핑(鄧小平) 전 주석의 유훈인 '도광양회(韜光養悔, 조용히 때를 기다리며 힘을 기른다)'에 어긋난다는 이유였다.

중국몽을 내세운 시진핑 정부에 들어와 G2라는 개념이 주목받긴 했지만, 미국이 중국을 견제하기 시작하면서부터 서서히 미국과 중국 모두에서 G2라는 용어는 점점 힘을 잃기 시작했다. 중국 학계 역시 소장파 학자들을 중심으로 G2 용어 사용에 반대하는 여론이 적지 않다. 이런 용어가 여전히 한국에서 쓰이는 것은 진실을 호도할 위험성이 있다.

서두에 나온 후안강 교수 이야기로 되돌아간다. 패권 야욕을 드러낸 시진핑 정부에 '중국 굴기(崛起)'의 이론적 토대를 제공한 것으로 유명한 후 교수는 이제 인민을 오도한 '관변 어용 학자'로 비판받고 있다. 시진핑 지도부의 총애를 받으며 요직인 칭화대 국정연구원장을 맡고 있던 후 교수를 해임하고 교수직마저 박탈하라는 동문 지식인들의 요구가 빗발친 게 발단이다. 미국과 중국의 무역 충돌 과정에서 중국이 힘의 차이를 절감하며 형편없이 밀리자 지식인 사이에서 "근거 없는 자신감으로 재앙을 자초했다"는 자성이 일면서, 그릇된 판단 근거를 정부에 제공한 대표적인 인물로 후 교수가 지목된 것이다. 역사 속에서 독재 정권에 이론적 근거를 제공한 어용 학자들의 말로가 대체로 좋지 않았듯, 후 교수 역시 시진핑 정권의 이데올로그 자리를 잃고 국정의 주변부로 밀려났다.

공산당 일당 독재 국가로 자유로운 의견 표명이 제한된 중국에서조차 이처럼 중국몽의 허상을 짚는 비판적 의견이 나오는데, 대한민국에선 여전히 중국의 끝없는 발전 가능성에 낙관적 견해들이 많은 것은 이상한 일이다.

우리에게 중국몽이란

중국의 팽창주의는 우리 생존과 직결돼 있다.

지금 동아시아는 엄청난 격랑에 휩싸여 있다. 미국과 중국 간 패권 경쟁은 시간이 갈수록 격화하는 형국이다. 일본은 과거의 영화를 그리워하며 아시아 전체에서 미국의 최대 파트너 자리를 다시 굳혀가고 있다. 북한은 연일 주변국들을 상대로 핵 위협을 가하면서, 세계 최강국 미국과도 대립과 협상을 반복하는 중이다. 미국이 비핵화 협상을 계속 진행하면서도 대북 제재를 풀지 않자 조급해진 북한은 2020년 6월 개성공단 내 남북공동연락사무소를 폭파하는 특유의 쇼까지 벌이면서 미국에 과격한 메시지를 보내고 있다.

동남아시아에서는 영해와 영토 주권을 둘러싼 다툼이 가열되고 있다. 특히 중국과 각을 세우는 나라들이 많아졌다. 중국과 대만 사이에는 외교·군사적 긴장이 과거보다 크게 높아졌다. 동아시아의 한국과 일본을 위시해 남쪽으로 필리핀, 베트남, 인도네시아 등이 중국과 접한 바다에서 영해와 어업권 문제 등으로 대립하고 있다. 특히 인도는 육상에서도 2020년 중국과 다시 충돌을 일으키는 등 영토 분쟁이 치열해졌다. 2019년 봄부터 1년 넘게 지속되고 있는 홍콩 시위 사태는 기술적으로 중국 국내 문제이긴 하지만 이런 흐름과 직결돼 있다.

"한국은 중국의 일부였다"는 그들

이처럼 아시아·태평양 정세가 갈등 양상으로 몰린 배경의 중심에 중국이 존재한다. 중국은 그들이 주장하는 역내 화합과 공동 번영의 핵심 축이 아니라, 아시아 전체의 갈등과 반목의 원인으로 작용하고 있다. 20세기 초반 동북아시아 역사가 피로 물들고 한반도가 열강의 대결장으로 변한 중심에 세계로 뻗어 나가려던 제국주의 일본이 있었다면, 지금은 팽창주의 야심을 노골적으로 드러내는 중국이 역내에서 일어나는 모든 문제들의 근원이라고 할 수 있다.

이러한 팽창주의의 중심에 시진핑 중국 국가주석의 통치 이념이자 국정 목표인 '중국몽'이 자리하고 있다. 중국몽은 팽창주의 중국, 제국주의 중국의 또 다른 이름이기도 하다. 중국몽의 실천 방안인 '중국 제조 2025'와 '일대일로'는 사실 미국을 능가하는 패권국이 되겠다는 야심을 노골적으로 드러낸 것이다. 그래서 우리는 중국몽에 주목해야 한다.

중국은 왜 중국몽을 꾸며 세계 패권을 노릴까? 시진핑 국가주석은 왜 통치 이념으로 중국몽을 내세웠을까? 도광양회 노선을 수십 년간 유지하던 중국이 왜 이제 와서 날카로운 발톱을 드러내고 미국과 각을 세우는 쪽으로 태도를 바꿨을까? 무엇보다, 과연 중국몽은 성공할 수 있을까? 미국을 위시한 세계 강대국들은 이런 중국의 질주를 그대로 보고만 있을까? 중국몽의 성패는 한반도 정세와 대한민국에 어떤 영향을 미칠까?

이런 질문들은 우리가 지금까지 간과해 온 것들이지만, 앞으로 우리는 물론 우리 자녀와 후손들의 미래 생존에까지 매우 큰 영향을 미칠 중요한 문제이다. 이런 근본적 질문들에 대한 해답을 진지하게 구할 때가 왔다.

반만년 이웃인 중국은 사실 우리의 우방이라기보다 적국이었다. 과거 수많은 침략을 자행해 우리 민중에 큰 피해를 줬고, 비교적 사이가 좋을 때도 우리를 속국 취급하며 조공을 강요했다.

시진핑 주석이 2017년 4월 도널드 트럼프 미국 대통령과의 마라라고 회담에서 한 것으로 알려진 발언은 한국을 여전히 속국 취급하는 중국의 인식을 보여 준다. 당시 미국 언론은 시 주석이 트럼프 대통령에게 "한국은 사실상 중국의 일부였다(Korea actually used to be a part of China)"고 말했다고 보도해 파문이 일었다. 당시 미국에서 필자는 이 얘기를 듣고 큰 충격을 받았다. 중국이 이런 인식을 갖고 있다는 것은 짐작했지만, 한 나라 수반이 저런 이야기를 정상회담에서 거리낌 없이 이야기할 만큼 이웃 국가를 하찮게 여긴다는 점에서였다. 사실이라면 위험하고 저열한 인식일 수밖에 없다.

사드 배치 문제 등에서도 중국이 한국을 바라보는 역사의식이 그대로 드러났다. 경제 제재를 가하고 문화적으로도 한한령(限韓令, 한국 상품 금지령)이라는 오만하고 반민주적인 조처를 내렸다.

한반도 통일 역시 북한과 혈맹 관계인 중국과 긴밀히 연결된 문제다.

대한민국의 선택은

중국몽은 이룰 수 없는 꿈이다. 이름 그대로 꿈일 뿐이다.

이런 판단은 우리에게 생존 차원에서 매우 중요한 의미를 갖는다. 중국이 세계 1등이 될 것이라고 생각하고 국제 정세에 대처하는 것과, 중국이 중국몽 때문에 오히려 추락할 것으로 보고 국가 전략을 짜는 것은 판이하게 다르기 때문이다.

우리나라가 1997년 외환 위기에 따른 국가 부도로 국제통화기금(IMF) 구제 금융까지 받는 사태에 이르렀을 때, 정부는 물론 심지어 언론까지도 사과문을 통해 국민에 공식 사과하는 초유의 일이 벌어졌다. 잘못된 시각과 판단으로 거짓된 여론을 조성하는 데 언론과 전문가들이 앞장섰기 때문이다. 하지만 사실은 지금이 그때보다 더욱 엄중한 시기다. 주변국의 성향과 동향을 팩트에 근거해 정확하게 바라보지 못함으로써 발생하는 안보 문제는 불행하게도 사과 하나로 갈음하지 못할 비극적 사태가 될 수 있다. 단순히 경제가 무너지는 것에서 끝나는 게 아니라 국가 안위가 위협받고 사회 공동체 전체가 고통과 비극 속에 빠지기 때문이다.

지금 한반도는 언제 무슨 일이 일어나도 놀랍지 않을 만큼 급변하는 세계정세의 중심에 놓여 있다. 우리만 제대로 체감하지 못할 뿐이다. 세계 최대 강국들 사이에 놓인 태생적인 지정학적 비극이다.

미국은 한번 시작한 싸움을 멈추지 않을 것이다. 우리나라를 비롯한 동맹국들에도 미국과 중국 사이에서 선택을 요구할 것이며, 우리는 어느 쪽이든 택할 수밖에 없는 상황에 내몰릴 것이다.

구한말 우리는 부패한 극소수 위정자들이 선택권을 갖고 있었고 잘못된 선택으로 다수 민중을 기나긴 고난과 고통 속으로 몰아넣었다. 그러나 다행히 민주주의 사회가 된 지금은 국민 여론이 미래를 결정지을 카드를 고를 수 있다. 스스로 운명의 주재자가 될 수 있다.

문제는 여전히 놀랍게도 '한국판 후안강'들이 넘쳐난다는 사실이다. 이들은 여론을 호도하고 국민을 위험에 빠트리고 있다. 한국 사회는 중국 정부가 주변국들에 펼치는 전방위적 여론 공작의 영향 속에서 중국의 의도를 담은 담론에 지배되고 있다.

IMF 국가 부도 사태에서 절감했듯, 역사의 죄인이 누가 될지, 아니면 제대로 된 담론을 던져 공동체를 수호할 사람이 누가 될지는 막상 당시엔 알 수 없다. 그러나 이제 새로운 냉전의 서막이 열린 이상 그리 머지않은 시간 안에 많은 진실이 드러날 것이다. 과문하지만 현재의 역사를 냉정하게 기록해 훗날 판단의 근거를 남기고 민주 사회에 다양한 논의의 소재와 틀을 제공한다는 의미에서 소견을 보탠다. 중국몽이 얼마나 허황된 것인지, 그 숨겨진 실체와 어두운 미래를 이제 하나하나 구체적으로 살펴보자.

시진핑의 분신 중국몽

'중국몽'은 마오쩌둥(毛澤東)-덩샤오핑 이후 가장 강력한 권력 기반을 구축했다는 시진핑 중국 국가주석의 분신 같은 단어다.

2012년 11월 중국 공산당 제18차 당대회에서 총서기에 선출되면서 중국 최고위급 지도자로 부상한 시진핑 주석은 "중화민족의 위대한 부흥을 실현하는 것이 바로 중화민족의 근대 이후 가장 위대한 꿈"이라며 '중국몽'을 통치 이념이자 국가적 목표로 제시한다. 시 주석이 '중국몽'을 처음으로 공개 언급한 역사적 순간이다.

중국 공산당 선전 매체들은 "중국몽이 국가를 부강하게 하고, 민족을 중흥하며, 인민을 행복하게 하는" 세 가지 목표를 실현하는 청사진이라는 취지로 설명한다.

중국몽은 '두 개의 100년'을 상징적 시한으로 내세워 2단계 과제를 실현하려는 꿈이다. 1단계는 중국 공산당 창당 100주년이 되는 2021년에 인민 모두가 편안하고 풍족하게 사는 '샤오캉(小康)' 사회를 건설하겠다는 것이다. 2단계는 중화인민공화국 건국 100주년인 2049년에 모든 것이 조화를 이룬 현대적 사회주의를 완성함으로써 사회주의 이상향이 거짓이 아님을 입증한다는 내용이다.

하지만 시 주석이 중국몽을 내세운 가장 큰 이유는 자신의 집권을 오랫동안 유지할 기반을 마련하고 공산당 일당 독재를 항구적으로 유지할 근거와 동력을 완비하려는 것이었다. 인민을 하나로 결집할 국가적 지상 과제를 확립해 놓으면, 이를 통해 민심 이반과 사회 불안 요인을 최소화하고 내외부의 공격으로부터 정권과 공산당 체제의 존속을 보장할 수 있을 것이라는 계산을 바탕에 둔 전략적 통치 이데올로기다.

'일대일로'와 '중국 제조 2025'

2049년 세계 유일 패권국이 되겠다는 중국몽의 실현 과정에서 가장 중요한 양대 프로젝트가 바로 오는 2025년 미국을 넘어 세계 최대 첨단 기술 제조국으로 도약한다는 '중국 제조 2025(中國製造 2025, Made in China 2025)'와, 현대판 실크로드를 구축해 주변국과의 경제 교류를 확대하고 공동 번영한다는 '일대일로(一帶一路, One Belt, One Road)'이다.

문제는 이 양대 프로젝트가 모두 미국의 유일 강국 지위를 정면으로 위협하는 도발적인 목표라는 점이다.

먼로 독트린(Monroe Doctrine, 미국 제5대 대통령 제임스 먼로가 주창한 고립주의)을 버리고 '세계의 경찰'을 자임한 이후 단 한 번도 2인자의 발호를 허용하지 않은 미국은 이미 중국의 두 프로젝트를 뿌리째 좌절시키려는 행동에 나섰다. 정권 유지와 집권 연장을 위해 공들여 마련한 중국몽이 중국 공산당 일당 독재와 시진핑 정권의 숨통을 끊을 위기로 몰아넣은 자충수가 된 것이다. 이것이 바로 현재 진행 중인 미중 충돌의 본질이다.

미국은 중국과의 싸움을 멈출 수 없다. 미국 역시 중국과 마찬가지로 다인종·다종교 국가에다 광대한 국토에 다수의 주(州, state)가 결합한 연방 형태여서, 최강대국 지위를 내줬을 때 어떤 비극이 생길지 잘 알고 있어서다. 미국이 중국과의 대결에서 패배하거나 중국의 도전을 계속 용인하는 상태를 유지한다면, 단순히 2등 국가로 전락하는 데서 그치는 게 아니라, 중국도 현재 걱정하는 것처럼 원심력의 작용으로 통치 체제와 국가 이념 혼란을 겪는 것은 물론 내부 갈등 확산으로 국가 분열을 초래할 수밖에 없다는 게 미국 조야의 인식이다.

이렇게 보면 중국의 도전은 미국으로서는 단순히 견제의 대상을 넘어 '국가 생존'이 걸린, 반드시 해결해야 할 문제가 된다. 어떤 식으로든 중국의 계획을 무산시켜야 함은 물론, 내친 김에 다시는 이런 도발을 감행할 수 없도록 회복과 재기가 불가능할 정도로 궤멸적 타격을 줘야 한다.

무역 전쟁을 비롯한 미국과 중국 간 정면충돌은 이런 틀에서 볼 때 비로소 온전히 이해될 수 있다. 적지 않은 국내 전문가와 언론이 미국 도널드 트럼프 행정부 집권 이후 미중 간에 이어진 대립으로 촉발된 각종 구체적 사건들에 대해 종종 틀린 전망을 제시한 것은 이런 거시적 시각이 부족했기 때문이다.

하지만 중국 입장에서도 중국몽을 둘러싸고 벌어진 미국과의 싸움은 양보할 수 없는 '외나무다리 결투'이다. 중국몽은 내부적으로 체제 결속을 위한 성격이 강한 어젠다이기 때문이다.

이미 언급한 대로 중국은 지정학적으로 원심력이 작용하고 내부는 공산 체제의 깃발 아래 억지로 합쳐 놓은 56개 민족이 다양한 종교와 문화, 방언을 갖고 사는 나라다. 따라서 중국몽과 같은 민족주의 어젠다와 애국 코드를 통해 분열과 이탈을 막아야만 중국이란 공동체를 유지할 수 있다. 중국몽의 양대 프로젝트가 사회 불안과 민심 이반을 막아 낼 '미래 양식 마련'을 추구한다는 일석이조 측면이 있다는 점에서도, 장기 집권의 길을 튼 시진핑으로서는 절대 놓을 수 없는 목표다.

여전히 개발도상국인 중국은 경제 성장 동력 붕괴가 가시화하면 예측하기 어려운 비상사태가 일어날 가능성이 크다. 즉, 시진핑 체제의 중국에서 중국몽의 좌절은 바로 체제 붕괴로 이어질 수 있고, 최악의 경우에는 국가 자체의 분열과 축소마저 걱정할 상황을 야기할 것이다. 소비에트 연방의 분열과 쇠락을 바로 옆에서 지켜본 중국으로서는 가장 두려운 시나리오일 수밖에 없다.

더 큰 문제는, 미국의 공세를 막아 내기도 힘에 부치는 상황에서 설상가상으로 다양하고 많은 내부 문제들이 동시다발적으로 터져 나오고 있다는 점이다. 과거 중국의 통일 왕조들이 무너질 때 일어났던 것과 비슷한 문제점들이 속속 수면 위로 떠오르는 형국이다. '중국 제조 2025'와 '일대일로' 실패 조짐 외에도 중앙 정부 재정 악화, 지방 정부 부채 위기, 환율과 외환 등 금융 위기, 부동산 버블, 글로벌 기업 엑소더스와 외자 유출, 식량 문제, 에너지 위기 등 많은 악재가 동시에 드러났다. 여기에 이웃 국가들과의 관계 악화, 소수 민족과 종교 문제, 일당 독재 체제의 한계, 사회주의와 자유라는 엇갈리는 가치 사이에서 일어나는 개인적 욕구의 충돌, 지배층 부패와 빈부 격차 확산, 국방력 강화 부진 등 다양하고 많은 문제가 계속 생겨나고 있다.

　과연 중국은 이 같은 동시다발적 악재와 약점들을 극복할 수 있을까? 적어도 현재까지는 문제점들이 매우 빠르게 나쁜 방향으로 흐르고 있다. 중국은 스스로 제시한 장밋빛 청사진과 달리 서서히 무너지고 있다.

분열은 중국의 숙명

중국몽이 허상임이 드러나고 있다는 사실을 이야기하기 전에 먼저 중국이 어떤 나라인지 살펴볼 필요가 있다. 중국이 걸어온 길을 알아야 앞으로 걸어갈 길도 예측할 수 있다.

원심력은 구심력보다 강하다

기억해야 할 것은 중국은 역사적으로 언제나 원심력이 작용한 나라였으며, 앞으로도 이런 지정학적 원리는 변하지 않을 것이란 사실이다.

한민족이 한반도에 정착한 이래 숙명의 이웃으로 충돌해 온 나라가 바로 중국이지만, 근현대사를 거쳐 오면서 우리는 중국이 어떤 나라인지 실체를 망각해 온 게 사실이다. 지금 우리는 중국의 어두운 실상을 잘 알지 못한 채 중국에 관한 피상적인 낙관론을 비판 없이 받아들이고 있다. 무엇보다 중국의 역사를 냉정하고 객관적으로 인식하는 게 중요하다. 과거 역사는 미래의 거울이기 때문이다.

역사가 진보한다거나 나선형으로 발전한다는 등 여러 이론이 있지만, 대체로 인류사는 반복과 순환의 구조를 보여 왔다.

중국의 역사는 한마디로 이합집산(離合集散), 합종연횡(合從連衡)이 반복되는 역사였다. 통일 국가를 이루는가 하면 금세 사분오열되고

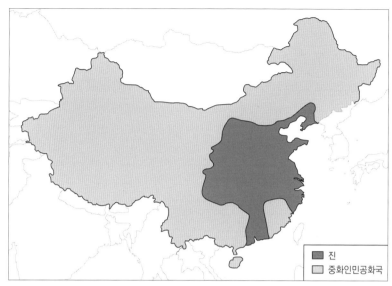

■	진
□	중화인민공화국

진(秦, 전221~전206)과 현대 중국의 영토

말았다. 중국은 강성한 통일 국가를 오랫동안 유지할 수 없는 태생적 한계가 있다는 뜻이다.

여기에는 중원(中原)의 지정학적 특성이 언제나 작용해 왔고, 이런 특징은 현재도 물론 유효하다. 지정학은 미래를 예측하는 주요한 도구다.

중국 최초의 통일 국가는 진(秦)이다. 중국의 영어 이름인 '차이나 (China)'가 바로 진(친, Qin)에서 유래했다. 그런데 의외로 중국 최초 통일 국가의 수명이 불과 15년 정도였다는 역사적 사실을 모르는 사람이 적지 않다. 진은 기원전 221년부터 기원전 206년까지만 존속했다.

오랜 시간 이어 온 중국 분열의 사슬을 끊고 처음 통일 국가가 생겼지만 긴 역사에서 보면 말 그대로 찰나와 같은 영화만 누렸을 뿐이다.

이처럼 분열과 통합이 반복되는 역사는 이후로도 계속 반복된다. 수명이 수십 년에 불과한 왕조들이 수두룩하고, 비교적 길었던 당(唐, 618~907), 명(明, 1368~1644), 청(淸, 1636~1912)도 모두 300년을 못 채웠다. 고려(918~1392)와 조선(1392~1910) 왕조가 모두 500년 안팎을 존속한 데 비해 중국 역대 왕조들의 존속 기간은 매우 짧았다.

1911년 청이 무너지고 1925년 건국한 아시아 최초의 공화제 국가 중화민국(中華民國) 역시 치열한 내전을 거치고 탄생 20여 년 만에 중화인민공화국(中華人民共和國)에 밀려 타이완(대만)으로 쫓겨 간다.

현재 중국으로 약칭하는 중화인민공화국은 1949년 10월 1일 공산 사회주의 이념을 기초로 세운 국가이다. 2019년이 돼서야 건국 70주년을 맞은 젊은 나라다. 중화인민공화국은 과거 사분오열의 역사를 되풀이하지 않을 것이라 장담할 수 있을까? 중화민국이 중화인민공화국에 의해 본토에서 쫓겨났던 것처럼, 중화인민공화국이 중화민국의 전철을 밟을 가능성은 없을까?

한 나라의 역사는 민족적 속성과 지정학적 요건 등이 극적으로 변화하지 않는 한 같은 패턴을 되풀이해 왔다. 건국 이후 짧은 시간 동안 약진만을 거듭해 온 중국이 드디어 제대로 된 국가적 위기에 직면했다. 미국을 위시한 외부 적들의 공격과 내부의 분열이 빠르게 가시화하면서 중국 전체가 크게 흔들리고 있다.

허울뿐인 '중화(中華)'

중국이 다시 세계의 중심으로 도약하겠다는 중국몽은 철학적·사상적으로 중화(中華)사상을 바탕으로 한다.

중화사상이란, 중국의 천자(天子)가 모든 이민족을 교화해 세상의 질서를 유지한다는 '천하 국가관'이다. 유가(儒家) 사상이 통치 철학으로 자리 잡은 한(漢) 왕조에 이르러 체계화됐다. 중화사상에 의하면 우리나라를 비롯한 중국의 동서남북 주변국인 '사이(四夷)'는 모두 미개한 오랑캐로, 중국의 교화와 정복의 대상이다. 이처럼 오만하고 호전적이며 주변국의 평화를 위협하는 중국인의 생각은 현재도 변하지 않았다. 중국몽은 중화사상의 현대적 변용일 뿐이다.

이렇게 보면 중국몽을 경계해야 하는 이유가 뚜렷해진다. 조선처럼 스스로 중화사상에 동화돼 스스로 중국인의 노예가 된 왕조도 있었지만, 한반도에도 고구려와 같이 중화의 책동을 거부하고 강력히 항거한 왕조도 있었다.

흥미로운 것은, 스스로 정통 중국인을 자부하며 중화사상을 내세웠던 한족(漢族)이 세운 왕조들은 비교적 강하지 않았다는 점이다. 사실 중국 역사상 가장 강력했던 왕조들은 대부분 한족이 아니라 교화 대상인 이적(夷狄), 즉 오랑캐 민족이 지배한 왕조였다. 대륙에서 송(宋)을 압도한 요(遼)는 거란족이, 금(金)은 여진족이 세웠다. 인류 역사상 최대 제국이었던 몽골 제국의 일부였던 원(元)은 몽골족이, 명(明)을 몰락시킨 중국 마지막 왕조 청(淸)은 여진족의 후예인 만주족이 세운 나라다. 원래 중화의 본질적 의미는 이미 퇴색된 지 오래됐다는 뜻이다. 다시 말해, 유라시아 대륙의 중앙에 위치했다는 특성상 중국은 세력을 확장하는 데 유리한 조건을 가진 반면, 한껏 확장된 세력이 언제라도 다시 내부에서 분열할 수 있는 원심력도 크게 작용해 왔다.

중국의 지정학적 조건은 양날의 칼이다. 그리고 언제나 원심력은 구심력보다 강했다. 게다가 주변국을 복속시키는 과정에서 다양한 민족과 인종, 종교 공동체가 섞이다 보니 국가 내부에서 많은 갈등과 문제점들이 발생했다. 이는 중국 왕조들이 오래 존속하지 못한 가장 큰 이유였다.

지정학적 조건상 중국의 높은 확장성은 이러한 내부 분열 외에도 인접국들의 견제 또는 공격을 야기하는 약점을 수반한다. 중국은 북쪽의 몽골과 만주 지역 민족들은 물론, 동쪽으로 우리 한민족과도 줄곧 대립하고 갈등했다. 한족이 이민족을 평정한 적도 많았지만, 반대로 이민족에 밀리거나 오히려 복속되는 경우도 적지 않았다. 근현대에 들어와서는 영국, 일본 등 새로운 열강들에 유린당하고 내정을 간섭받는 수모도 겪었다.

중화사상을 통해 우월한 지배 민족임을 자처하는 '한족'이란 개념 자체도 허구다. 중국 통계상 소수 민족들을 제외한 한족이 중국 인구의 90퍼센트가 넘는다. 하지만 과학적으로 보면, 수천 년간 수많은 이민족이 중국 대륙을 지배했는데 순수한 한족 혈통이 남아 있을까? 한족이란 허울은 중화사상과 사회주의 체제 유지에 필요한 도구일 뿐이다.

　현재 공산당 일당 독재 국가인 중국의 강력한 지도부는 국가 내부의 다양한 민족과 종교를 강압적 방법으로 억누르고 통제하고 때로는 탄압하고 있다. 그러나 강압적 방법으로만 종교나 민족 정서를 계속 통제할 수 없다는 사실은 과거 역사의 많은 사례들에서 이미 증명됐다. 자유를 갈구하고 개인의 터전을 보전하려는 인류의 본성은 유사 이래 변하지 않았다는 점에서 중국 정부의 억압과 통제는 영원할 수 없을 것이다.

중국 흥망과 한반도

고구려 멸망(667) 이후 한반도에서 이어져 온 여러 왕조가 중국 콤플렉스에 빠져 있었던 게 사실이다.

특히 조선은 스스로 소중화(小中華)를 얘기하며 중국의 반(半)식민지를 자처했다. 심지어 중국을 섬기는 것을 자랑스러워하는 관리도 있었다. 일본의 식민지였다는 점에는 분노하지만 사실 훨씬 더 오랜 세월 동안 중국의 속국이나 식민지처럼 지내 온 사실은 반성할 줄 모른다. 불과 70년 전 6·25 전쟁 때 침략을 당하고도 현재까지 이어지고 있는 맹목적이고 무비판적인 친중 사상의 뿌리다.

객관적으로 비교하면 조선은 '왜놈'이라고 얕잡아 보던 일본에조차 16세기 중반부터 뒤지기 시작했다. 일본에 철포(鐵砲)가 전래해 조총(鳥銃)으로 개량되는 동안 조선은 문호를 굳게 닫고 중국을 섬기며 일본은 무시하는 '정신 승리'에 빠진다. 조선에서 상공업이 천대받고 과학이 쇠퇴하는 동안 해양 세계로 문을 활짝 연 일본은 눈부신 발전을 이루었다.

전쟁은 신무기를 지닌 쪽이 이긴다는 건 누구나 아는 얘기다. 이미 16세기 중반부터 조선은 일본이 충분히 넘볼 만한 나라로 전락했고, 그 결과가 두 차례 왜란과 20세기의 일제 병탄으로 나타났다. 원인 없는 결과는 없고, 대비가 없으면 비극이 온다. 10만 양병을 주장한 이이(율곡)와 유성룡(서애)의 이성적인 목소리는 당파 싸움에 몰두하며 근거 없는 평화주의를 주창하는 정치인들의 감성 포퓰리즘에 묻혀 사라졌다. 일제 병탄은 한민족의 망상적인 '정신 승리'가 수백 년 이어져 온 데 따른 자연스러운 결과였다.

다른 목소리를 내면 '역적', '반동'이 되는 분위기는 지금도 바뀌지 않았다. 지성이 감성 위에 있는 나라에서는 일어날 수 없는 일들이다. 서애와 충무공(이순신)이 『징비록』과 『난중일기』를 남긴들 무슨 소용이 있나. 후대가 이런 선지자들의 교훈을 전혀 참고할 생각이 없어 지금까지도 과거의 잘못을 여지없이 답습하고 있을 뿐이다.

중국은 영원히 섬겨야 할 '형님'이고 일본은 근거 없이 '열등한 적'으로 여기고 보는 무분별하고 감정적인 태도는, 수천 년간 중국 왕조에 침략당하고 수탈당하고 여성들이 성 노리개나 위안부로 중국에 끌려가는 걸 보고만 있어야 했던 경험에서 오는 무의식적 두려움 때문일지도 모른다.

그러나 사실 동아시아 역사를 자세히 살펴보면 오히려 중국 한족 통일 왕조의 흥망은 한반도 왕조들과의 관계가 어땠는지에 영향 받은 측면이 있다.

중국 최초의 통일 왕조 진은 한반도 왕조와의 해상 무역을 통한 세력 다변화와 부흥을 원했으나, 단명했기에 그 계획을 끝내 이루지 못했다. 영원할 것 같았던 제국은 한순간에 모래성처럼 사라졌다.

진에 이어 다시 천하를 통일한 한(漢)은 여전히 존재와 위치 자체가 논란인 '한사군'을 포함해 한반도 국가들과 교류에 힘썼지만, 북방 민족들과 대립하며 한반도와 연결되는 길목이 차단되면서 쇠락의 길을 걸었다.

남북조를 통일한 수(隋)는 고구려와 전쟁에서 진 것이 패망의 주요 원인이었다.

수의 실패를 타산지석으로 삼은 당(唐)은 신라와 손잡고 육상·해상에서 접경 국가인 고구려와 백제를 제압함으로써 국가 융성의 기틀을 놓는다.

문약(文弱)했던 송은 북방에서 여진족의 금이 일어나자 동북아의 강소국 고려와 군사적 제휴를 모색했으나, 육로가 막혀 끝내 멸망의 길을 걸었다.

몽골족의 원을 몰아낸 명은 1449년 황제가 몽골과 싸움에서 붙잡혀 포로가 되는 치욕의 사건인 '토목(土木)의 변(變)'을 겪지만 조선이 의리를 지키며 명을 지지한 덕분에 위기를 극복한다. 한 세기 반 뒤 임진·정유의 난 때 조선에 원군을 보내는 호기를 부리기도 하지만, 여진의 후예인 만주족의 후금(後金)이 청으로 국호를 바꾸고 조선을 압박하면서 명과 관계를 차단하자 명은 몰락의 길로 접어든다.

한반도 왕조들 역시 중국 왕조가 강성할 때는 힘든 시기를 겪었다. 국경을 접한 이웃 나라의 숙명이다. 지금도 마찬가지다. 강성한 통일 중국은 한국 전쟁 당시 눈앞까지 온 통일 완수를 저지했고 분단 고착화에 한몫했다.

이는 우리가 중국과의 관계에서 수세적 태도를 취할 필요가 없다는 점을 보여 준다. 오히려 중국의 발호를 누를 태평양 해양 세력과의 전략적 동맹이 중요하다는 점을 입증하는 증거일 수 있다. 1948년 탄생한 대한민국은 한반도 역사상 처음으로 중국 대륙 대신 동쪽 해양 세력인 미국과의 우호 관계를 바탕으로 한 나라라는 점은 변할 수 없는 사실이다.

오늘날 중국은 북한의 혈맹이면서, 대한민국에도 내정 간섭에 가까운 막대한 영향력을 끼치고 있는 게 사실이다. 2016년 '사드 배치 논란' 당시 우리 기업과 한류 산업 등에 가한 후진적 횡포와 압력은 '강한 중국'의 고약한 진면목이다. 강하고 고약한 이웃 중국의 분열과 쇠락은 한반도 통일과 부흥에 플러스 요인일 수밖에 없다.

제2부

중국 침몰 앞당기는
패권 경쟁

2017년 진수한 중국의 첫 국산 항공모함 산둥(山東)함

신냉전은 패권 전쟁

중국이 지정학상 필연적으로 오랜 기간 안정적 상태를 유지하기 어렵다는 것은 역사가 여러 차례 입증하고 확인시켰다.

현재 중국이 다시 하강기·쇠락기에 돌입했다는 징후와 증거는 여러 곳에서 포착된다. 단순히 몇 가지 위기 징후가 아니라, 아무리 강력한 중앙 집권형 독재 정권이라도 방어하기 어려울 정도로 수많은 난제가 동시다발적으로 터져 나오고 있다. 마치 거대한 쓰나미가 덮쳐 오는 듯하다.

이렇게 만든 원인들은 중국 내부와 외부 양쪽에서 여러 가지가 있다. 그러나 무엇보다 가장 큰 원인은, 중국의 정치·사회 체제와 경제 시스템이 아직 충분히 성숙하지 않은 상태에서 '도광양회'를 잊고 세계 최강대국 미국에 정면으로 도전장을 던졌기 때문이다.

미국의 화법은 언제나 완곡하다. 그러나 미국이 최근 몇 년 새 여러 차례 언급한 공식 발언에는 '중국을 반드시 굴복시키겠다'는 강력한 의지가 담겨 있었으며, 그 어조는 점점 직설적이고 거칠어져 왔다. 최근 들어서는 도널드 트럼프 미국 대통령이 "중국과 관계를 모두 끊을 수 있다"고 경고하는 등 양국 간 충돌이 전면전과 같은 분위기로 치닫고 있다. 이제야 우리 언론과 전문가들은 놀란 듯한 논조로 이런 정세를 전하고 있지만, 여전히 본질을 놓친다. 미중 간 정면충돌은 이미 몇 년 전부터 구조적으로 예견된 것이며, 2020년 초 중국발 코로나 19 바이러스(COVID 19)의 확산은 양국 간 총성 없는 전쟁을 악화시키는 요인의 일부일 뿐이다.

미국의 목표는 '주적' 중국의 굴복

미국과 중국의 충돌은 이제 이미 되돌리기 어려운 지경에 왔다. 양쪽 중 하나는 쓰러지고 하나는 승리자가 될 것이다. 두 나라는 동맹국들에게 선택을 강요할 것이며, 우리나라 역시 어느 한쪽을 선택해야 한다. 그런 점에서 중국몽이 현실적으로 이뤄질 수 없으며 결국 패자는 중국이 될 것이란 사실을 이해하는 것은 매우 중요하다. 이는 대한민국의 운명을 좌우할 뿐 아니라, 우리 개인의 미래에도 엄청난 영향을 끼치게 될 것이다.

중국이 빠르게 쇠락하고 있다는 증거와 징후는 너무 많아서 다 들기가 힘들 정도다. 중국몽은 왜 좌초했는지, 중국의 미래는 왜 어두울 수밖에 없는지, 미국은 왜 이기는 싸움을 하고 있는지 구체적인 증거를 통해 살펴보겠다.

'배신자' 중국, 옵션 없는 완패

국제 정치의 본질은 '힘의 논리'다. 패권국은 도전자의 부상(浮上)을 용납하지 않는다.

미국은 중국의 도전이 자국의 심각한 국가적 위협이라는 인식을 최근 몇 년 사이 공개적으로 드러낸 바 있다. 특히 도널드 트럼프 행정부는 중국을 이대로 방치할 경우 '미래의 위협'이 될 수 있다는 것을 국가 정책 차원에서 공식적으로 선언하고 노골적으로 중국 흔들기에 나섰다. '더 크기 전에 싹을 도려내겠다'는 뜻이다.

우리가 반드시 알아 둬야 할 것은, 20세기 중반 미국이 세계 최대 강국의 지위를 공고히 한 이후 공격과 해체의 목표물로 삼은 '2인자'를 굴복시키지 못한 사례가 없다는 점이다. 옛 소비에트 사회주의 공화국 연방(소련)과 일본이 모두 미국에 도전했다가 심대한 타격을 입고 오랫동안 힘든 시간을 보내야 했다.

미중 양국은 군사력, 경제력 등 국력 전반에서도 엄청난 차이가 나지만, 특히 중국을 브레턴우즈 체제[1]에 편입시켜 지금의 넘버 투 자리까지 이끌어 준 당사자가 미국이었다는 사실은 현재 국제 정세를 이해하는 데 있어 매우 중요한 점이다. 경제력에서는 20세기 말까지 변방에 있던 중국이 손쉽게 고속 성장하며 세계의 중심으로 급부상할 수 있었던 것은 전적으로 미국 덕분이었다는 얘기다. 이는 미국이 중국을 지금까지와는 반대 방향으로도 얼마든지 몰고 갈 힘을 지녔다는 뜻이기도 하다. 이 대목을 몰랐거나 제대로 이해하지 못하면 첫 단추를 잘못 펜 것처럼 모든 분석이 틀릴 수밖에 없다.

미국이 중국을 자유무역의 국제 질서에 끼워 주고 많은 물건을 사 준 것은 순전히 라이벌 또는 2인자였던 소련을 붕괴시키기 위한 장기 전략이었다. 하지만 영원할 것 같았던 소련은 짧은 생을 마치고 이제 더는 지구상에 존재하지 않는다. 미국과 사생결단 극한 대립을 한 결과였다. 연방은 사분오열됐고, 동맹국들도 일찌감치 위성 국가에서 벗어나 자유민주주의 체제를 지향하고 있다.

중국은 미국의 비호 아래 자유무역 질서 안에서 빠르게 성장했고, 대내외적으로 힘을 키웠다. 그러나 이제 중국은 미국에 칼을 겨눴다. 2025년에 미국을 누르고 세계 최대 기술 국가이자 제조국으로 올라서겠다고 선언하고, 아시아·아프리카 등에서 미국의 영향력을 배제하고 지배력을 행사하려는 계획을 공표하고 이행 중이다.

이 때문에 미국 조야에서는 "호랑이 새끼를 키웠다", "키워 준 은혜를 모른다"는 비판이 나온다. 결국 참다 못한 미국은 액션에 들어갔다. 과거 소련과 일본을 상대로 했던 모든 전략과 전술을 집중해 중국 죽이기에 나선 것이다.

미국이 기왕 시작한 전쟁을 절대 스스로 멈추지 않을 것이라는 건 선진국 국제 정치 전문가들 사이에서 공유된 정세 분석이다. 청교도 국가인 미국은 독립 전쟁 이래 싸움을 시작할 때는 언제나 상대를 '악(evil)'으로 규정하고 보는 유사 종교적 행보를 보여 왔다. 소련에 대해서도, 이라크나 아프가니스탄에 대해서도 그랬다. 그리고 그러한 악을 제거하는 데 총력을 기울여 목표를 완수해 왔다.

이미 미국은 중국을 공식적, 공개적으로 여러 차례 악으로 규정했다. 마이크 펜스 부통령은 2018년 10월 허드슨 연구소 연설에서 중국을 사기꾼과 도적에 비유하며 원색적으로 비난했다. 미국이 중국을 세계 자유시장의 틀 안에 넣어 줬는데 관세, 불법 보조금, 쿼터, 환율 조작, 지식 재산권 절도, 기술 이전 강요 등 온갖 악한 수단을 활용해 세계 자유무역과 공정한 국제 질서를 해치고 있다는 게 연설 요지였다. 현지 전문가들은 이 공개 연설이 현 세계에서 악의 원천인 중국과 전면전을 선언하는 미국 행정부의 공식 입장이라고 풀이했다. 더글러스 딜런 하버드대 교수는 이 연설을 '중국과의 신냉전 선언'으로 평가했다

마이크 폼페이오 국무장관 역시 취임 이후 여러 차례 공개 석상에서 중국을 '약탈국'으로 규정했다. 한마디로 '도적 무리'라는 뜻이다. 외교 수장의 언어로는 어울리지 않는 거칠고 원색적인 비난이다.

폼페이오 장관은 2019년 1월 스위스 다보스에서 열린 세계경제포럼(WEF) 연설에선 중국의 전체주의를 세계가 직면한 새로운 '위협'으로 지목했다. 중국이 한국을 비롯한 이웃 나라들에 보이는 호전적 태도와 자유시장경제를 부정하는 국가 중심 모델, 반민주적 시스템 등이 세계 민주주의와 자유무역 질서를 저해하고 국제 질서와 평화에 위험 요소로 작용한다는 지적이었다.

심지어 중국인 전문가들 사이에서도 미국의 행보가 단순한 압박이 아닌, 중국을 완전히 파괴하기 위한 대대적 공격임을 인지하고 환기하는 논리를 펴는 사람들이 있다.

리샤오(李曉) 지린(吉林)대 경제금융대학원장이 대표적이다. 그는 2018년 6월 대학원 졸업식 연설에서 미중 충돌로 중국이 거대한 위기를 맞았다고 지적했다. 그는 특히 이번 충돌을 단순한 무역 전쟁으로 봐서는 안 된다며, 경제와 정치의 논리는 다르다는 사실을 강조했

다. "국제 정치는 '포지티브 섬(positive sum)' 게임이 아니라 제로 섬 게임"이라고도 했다. 1등을 겨루는 패권 다툼은 경제적으로 얼마나 손해나 이익을 보느냐의 싸움이 아니라, 국가 생존을 건 외나무다리 싸움이라는 뜻이다. 패권국인 미국 입장에선 단기적 손해를 감수하더라도 장기적으로는 중국을 반드시 다시는 도전할 수 없을 만큼 무력화하거나 아예 제거해야 하는 전쟁에 이미 돌입했다는 의미이기도 하다.

이런 관점에서 보면 중국이 경제적 보복으로 맞서면 트럼프 대통령이 정치적 타격을 입을 것이라든지, 미국도 무역·금융 등에서 손해가 막대하므로 극한 충돌까지는 가지 않고 적정선에서 마무리될 것이라는 등의 피상적 추정과 분석은 논리적으로 성립할 수 없다. 미국이 무역 분쟁에서 가끔 중국과 일부 잠정적 합의를 한다든가, 트럼프 대통령의 '정치적 언사'를 통해 낙관론을 펴는 등의 행동은 오히려 장기전을 위한 힘 빼기로 보는 게 타당할 수 있다. 미국과 북한 간 핵 협상과 마찬가지로 미중 간 경제 전쟁에서도 역시 시간은 미국 편이기 때문이다.

G1커녕 '넘버 2'도 위태

중국이 미국을 제치고 G1(유일 강대국)이 되겠다고 도전장을 냈지만, G1은커녕 '넘버 2' 자리를 계속 유지하는 것조차 현실적으로 어려워지는 역설이 일어났다.

조그만 조직에서도 정상의 자리에 도전하겠다고 공언한 2인자를 살려 두는 보스는 세상에 없다. 이제 중국에게 남은 선택지는 원하는 대로 G1이 되거나 몰락의 길을 걷거나, 둘 중 하나만 남았다. 흥망의 갈림길에 들어선 것이다.

다수 국제 정치 전문가들은 이를 기존 패권국과 신흥 강대국은 결국 부딪칠 수밖에 없다는 '투키디데스 함정'에 비유하기도 한다. 미국은 이미 중국이라는 거대한 위협을 제거하기 위한 행동에 들어간 상태다. 중국 굴기는 미국이 제거하기로 이미 결정한 최대 안보 위협이다. 미국과 중국 간 충돌이 맹렬한 기세로 고조되지만 이미 승패는 정해져 있다는 게 중론이다. "미국은 질 수 없는 싸움을 하고 있고, 중국은 이길 수 없는 싸움을 하고 있다"고 많은 국제정치학자들은 지적한다. 중국은 '중국몽'을 입밖에 꺼내며 미국에 도전한 그 순간부터 이미 추락의 길로 접어들었다.

다만, 미중 간 충돌이 군사적 전면전으로 갈 가능성은 없다고 해도 될 만큼 희박하다. 전략 핵무기로 무장한 두 대국의 전면전은 곧 세계 3차 대전을 의미하기 때문이다. 남중국해 등에서 국지적 충돌이 있을 가능성, 인도나 베트남 등을 통한 대리 국지전이 발생할 가능성은 아예 배제할 수 없지만, 전면전 카드는 양국 수뇌부의 머릿속에 없다고 봐야 한다.

그렇다면 이미 시작된 미중 간 전쟁은 어떤 양태로 나타날까?

그것은 한창 진행 중인 양국 간 무역 전쟁을 위시한 경제 전쟁의 형태가 될 수밖에 없다.

경제 전쟁은 총성 없는 전쟁이지만, 상대국의 정권을 흔들고 민심을 이반시켜 분열을 획책할 수 있는 무서운 카드다. 빵을 주지 않으면 민심이 동요하고 체제가 흔들려 결국 무너진다는 것은 역사 속에서 무수히 반복돼 온 교훈이다. 미국이 현재 중국을 향해 퍼붓는 경제 공격은 중국 지도부를 흔들고 내부 불만과 분열을 가중시키는 필살기다.

경제 전쟁에서 중국은 미국의 상대가 되지 않는다. 그 이유는 간단하다. 전쟁이든 스포츠 경기든, 모든 종류의 싸움은 자신이 유리한 운동장에서 싸워야만 승리할 수 있다. 반대로 상대가 만들어 놓은 판이나 시스템, 프레임에서 경쟁하면 백전백패다. 유도 선수가 레슬링 룰로 경기하면 레슬링 선수를 이길 수 없다. 이 원리가 미중 충돌의 승패를 전망하는 데 가장 중요하다. 중국이 경제와 국방력 면에서 세계 2인자로 도약한 것은 모두 미국 덕분이고 미국이 만들어 놓은 시스템 안에서 가능했기 때문이다.

미국은 옛 소련 붕괴를 위해 공산사회주의 국가인 중국을 전략적 파트너로 선택했다. 미국은 1979년 1월 중국과의 역사적인 수교 이후, 사실상 최빈국 수준에 가까웠던 중국을 달콤한 자유시장경제 체제로 안내한다. 미국이 창조하고 주도한 브레턴우즈 체제에 공식은 아니지만 우회적으로 편입시켜 준 것이다. 중국은 미국의 도움 아래 고속 성장을 거듭했고, 1991년에는 세계무역기구(WTO)에 공식으로

가입하며 자본주의와 사회주의를 병행하는 체제임을 공식화한다. 이런 배경에서 중국은 이제 세계 제2위 경제 대국, 세계 최대 생산 기지로 도약했다.

이처럼 미국이 깔아 놓은 자유무역의 판에서 가장 큰 이득을 본 나라는 중국이며, 지금 미국에 도전하는 나라들도 다 이 시스템 아래에서 득을 봤다. 미국이 중국과 무역 전쟁을 시작한 것, 그리고 유럽연합(EU) 동맹국과 나프타(북미 자유무역협정) 가입국에 시장 개방을 강력히 요구하는 건 이제 사후 정산을 하자는 것으로 봐도 무리가 없다.

미국의 저명한 안보·지정학 전문가인 피터 자이한은 『슈퍼파워 없는 세계(The Absent Superpower)』[2]에서, 미국이 만든 브레턴우즈 체제는 소련이라는 적을 제거하고자 동맹국을 돈으로 '매수'하고 중국을 끌어들이는 수단이었을 뿐이라고까지 주장한다. 미국이 최대 안보 위협이었던 소련 제국을 무너뜨리고자 소련에 맞서는 안보 동맹을 구축하는 과정에서 시장을 동맹국에 내준 것이라는 게 자이한의 주장이다. 그에 따르면 브레턴우즈 체제는 '금환본위제'를 도입한 단순한 경제 시스템이 아니며, 미국은 자국이 부자가 되려고 이런 체제를 만들지 않았다. 나토 국가들과 일본, 한국을 포함한 동아시아 '네 마리 용'(한국, 대만, 홍콩, 싱가포르), 그리고 중국을 이 체제에 편입시켜 소련을 압박한 것이다.

자이한은 이제 미국이 국제 질서에서 당분간 손을 뗄 것이라고 단정한다. 브레턴우즈 체제가 끝났기 때문이다. 1991년 소련이 붕괴하자 미국은 경제적 손해를 보면서 시장을 내줄 이유가 없고, 한국이나 유럽에 큰 비용을 들여 군대를 주둔할 필요가 없어졌다고 그는 주장한다. 이런 틀에서 보면 트럼프 정부가 EU 국가나 한국에 미군 주둔비 인상을 요구하는 이유가 설명된다.

자이한은 미국 국무부 관료를 지내고 유력 글로벌 정보업체 스트랫포(Stratfor)에서 정보 담당 임원으로 일한 국제 전략 전문가다. 물론 그의 분석에 모두 동의하지는 않는다. 그는 미국이 '완전 고립주의'로 회귀할 것으로 보지만, 개인적으로는 그럴 가능성은 크지 않다고 판단한다. 미국의 고립주의 복귀는 디글로벌라이제이션(탈세계화)의 일환이며 세계 경찰 역할의 축소일 뿐, 미국의 이익을 위한 필수적 개입을 포기하는 것은 아니기 때문이다. 아시아를 중국에 완전히 내주는 것은 중국 제국주의의 지속적 확대를 의미하므로, 중국 견제를 위한 미국의 공세는 적어도 중국이 다시는 발호할 생각조차 못할 때까지는 계속될 것이라고 보는 게 논리적이다.

브레턴우즈 체제에 중국을 편입시킨 미국의 결정에는 결과적으로 오판의 성격도 있다.

미국이 중국과 수교한 가장 큰 목적은 '소련 죽이기'였지만, 중국을 세계 자유주의 경제에 편입시키면 자연스럽게 민주주의와 자유무역이 정착하게 될 것이란 판단도 작용했다. 그러나 이런 판단은 보기 좋게 빗나갔다. 개혁·개방을 통해 중국을 다른 서방 국가처럼 자유민주주의와 자유무역, 시장경제, 법치가 꽃피우는 체제로 바꾼다는

'실험'은 실패했다. 오히려 중국은 자본주의의 과실만 따먹으며 덩치를 키워 사회주의 진영의 선도 국가로 자리를 굳히며 미국의 패권에 도전하는 위치에까지 왔다.

미중 수교를 이끈 리처드 닉슨 전 미국 대통령은 말년에 연설문 작성 담당자였던 윌리엄 새파이어에게 자신의 오판에 대한 아쉬움을 털어놨다고 한다. 특히 미국 행정부는 중국식 사회주의 독재의 민낯을 보여 준 톈안먼(天安門) 시위 유혈 진압 사태를 목도하고 중국을 완전히 새로운 눈으로 보기 시작했다.

알다시피 미국은 수십 년간 엄청난 무역 적자를 감수하며 중국을 키웠다. 미국의 전폭적인 후원 속에 졸부처럼 갑작스럽게 부를 쌓은 중국은 이제 국내총생산(GDP)이 미국의 3분의 2를 돌파했고 미국을 넘어 세계 최대 첨단 제조 강국이 되겠다는 선언까지 했다.

하지만 중국은 주인이 파 놓은 '우물'에서 커 온 개구리다. 여차하면 허물어질 허약한 경제 체질과 인프라를 보유한 불안정한 나라다. 무역 전쟁으로 시작한 미국의 대중국 공격은 앞으로 환율을 위시한 금융 공격, 종교·인권 탄압을 비난하는 심리전, 특허와 기술 도둑질을 문제 삼는 기술 공세 등으로 확전할 전망이다. 기축 통화를 보유하고 세계 경제 시스템을 좌우하는 미국의 공세를 '미국이 창조한 세계'에서 커 온 중국이 방어한다는 것은 구조적으로 사실상 불가능한 일이다. 소련도 결국 패했는데 중국이 미국을 이기는 건 애초에 성립할 수 없는 명제이기도 하다. 이 역시 경제적 의존도를 기준으로 한 이론에 따른 것이다.

미국과 소련이 대립할 당시엔 세계가 자본주의와 공산주의의 양쪽으로 갈라졌고, 서로 먹고사는 방법이 달랐다. 다시 말해, 미국에 대한 소련의 경제적 의존도는 독립적이라고 할 수준이었다. 반면 중국은 미국 경제에 매우 의존적이다. 2018년 한 해에만도 중국의 대미 무역 흑자는 사상 최대인 3,233억 달러에 달했고, 2019년엔 무역 전쟁 여파에도 2,958억 달러를 기록했다.[3]

중국의 경상 수지 흑자는 대미 무역 흑자 없이는 불가능하다. 미국과의 무역 없이는 중국은 생존이 불가능하다는 뜻이다. 미국과 대적하기에 중국은 이미 망해서 분열된 옛 소련보다 약한 상대다.

중국은 농산물 대미 의존도도 심각한 수준이다. 예컨대 중국인의 식생활에서 가장 중요한 콩은 대부분 미국에서 수입한다. 식량은 단순히 먹는 문제를 떠나 국가 안보의 마지노선이다.

우리는 이런 근거와 정황을 바탕으로 한 시나리오 속에서 향후 급변할 세계 정세에 대비하는 정교한 전략을 짜야 한다. 미국과 중국 중 어느 쪽에 베팅하느냐에 따라 결과는 전혀 달라진다. '전략적 모호성'은 냉혹한 국제 사회에서 통하지 않는 이야기다. 국제 외교는 끊임없는 선택의 연속이고, 배신의 대가는 항상 두려운 결과로 나타난다.

쑥 들어간 미국 쇠퇴론

21세기 들어 한동안 일부 학자들을 중심으로 '중국 패권론'과 '미국 쇠퇴론'이 유행한 적이 있다.

과거에도 미국 쇠퇴론은 잊을 만하면 나오던 학설이었다. 베트남 전쟁 이후에도 그랬고, 9·11 테러 사태 이후 아프가니스탄 전쟁에서 미국이 고전할 때도 그랬다.

그러나 근래 들어서는 팍스 아메리카나가 앞으로도 오랫동안 계속될 것이며, 오히려 더 강성할 것이라는 목소리가 커지고 있다.

구체적 팩트를 근거로 봐도 미국 유일 강국론은 설득력을 잃지 않는다.

무엇보다 미국은 인류 역사상 어떤 나라도 갖지 못한 천혜의 조건을 가졌다.

미국은 우선 경쟁 열강과 지정학적으로 매우 멀리 떨어져 있다. 인접국 캐나다와 멕시코 등이 미국의 경쟁 상대가 되지 않는다는 점도 이점이다. 과거 로마와는 전혀 다른 차원의 강대국이라는 뜻이다.

게다가 영토는 광활하고 기후 조건도 좋은 데다, 국가 발전과 유지에 필수적인 물과 천연자원 역시 엄청나게 많다. 여기에 토지까지 비옥하니 안보에 필수적인 식량 생산량에서 압도적으로 세계 1위를 지킬 수 있다.

특히 내륙 수로는 미국이 단시간에 세계 최대 경제 대국으로 도약하게 한 일등 공신 중 하나다. 미시시피강, 허드슨강 등 많은 강들이 동서남북으로 뻗어 있고, 내해(內海)나 마찬가지인 오대호가 이런 강들과 운하로 연결됐다. 이런 내륙 운송 조건은 육상 교통수단이 고도로 발달하기 전부터 선박을 통한 물류 활성화와 비용 절감에 크게 기여했다. 내륙 수로 운송은 지금도 싼 물류비 덕분에 여전히 주요 수단으로 활용된다.

풍부한 식량, 천연자원, 수자원, 천혜의 교통망, 적 없는 국경은 미국이 지금도 어느 나라와 어떤 형태의 직간접적 전쟁을 치르더라도 승리를 보장하는 든든한 배경이다.

그런 미국에 이전까지는 단 하나 아킬레스건이 있었다. 바로 석유다. 미국도 세계 최대 산유국 그룹에 속하지만, 소비량이 워낙 큰 만큼 오일 쇼크 때마다 경제에 타격을 입곤 했다. 미국이 오랫동안 중동 지역에 전략적으로 공을 들여 온 이유가 바로 석유 때문이었다. 석유 수송로가 막히거나 석유가 무기화되면 미국의 안보에 큰 위협이 되기 때문이다.

하지만 이것도 옛얘기가 되고 있다. 미국이 앞으로도 오랫동안 최강대국 지위를 유지할 또 하나의 혁명적 사건이 발생했다. 미국 영토에 엄청나게 매장된 셰일 가스를 채산성 있게 채굴할 수 있게 된 것이다. 셰일 가스 채굴은 오직 미국만이 이뤄낸 기술 혁명의 개가였다. 이를 바탕으로 미국은 이미 지난 2014년부터 석유·천연가스 생산에서 세계 1위에 올랐다.

이 '셰일 혁명'은 미국의 세계 전략에 상전벽해와 같은 변화를 가

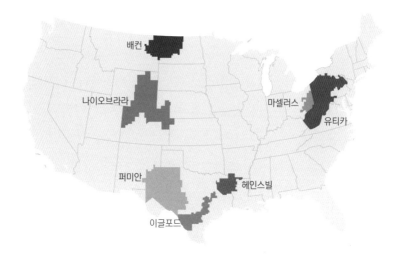

미국의 주요 셰일 가스 생산지. '셰일 혁명'으로 미국은 중동에 대한 관심을 접고 중국 견제로 눈을 돌릴 수 있게 되었다.

져왔다. 중동에 집중했던 군사력을 미국의 최대 위협인 중국을 견제하도록 동아시아로 이동할 수 있게 된 것이다. 이런 과정에서 미국은 자연스럽게 시리아를 비롯한 중동 분쟁 국가에서 발을 빼게 되었다. 2018년 12월, 시리아 주둔 미군의 천면 철수가 결정된 지 며칠 만에 트럼프 대통령이 이라크 알 아사드 공군 기지를 방문해 "미국이 세계의 경찰 역할을 할 수 없다. 미국은 세계의 호구가 아니다"라고 선언한 것은 결코 우연이 아니었다.

미국은 또 나토와 한국 등에 대해 방위비 분담금을 올리라고 노골적으로 요구하고 있다. 응하지 않으면 주둔군 감축이나 철군 카드를 꺼내는 것도 서슴지 않을 기세다. 아프가니스탄을 비롯한 세계 주요 분쟁 지역에서도 발을 빼려는 움직임을 보인다. 대신 아시아 태평양 사령부를 인도 태평양 사령부로 개명하고 중국 견제에 상당히 많은 전력을 집중하고 나섰다.

미국의 이런 변화는 일부에서 주장하는 식으로 트럼프 정부 탄생의 직접적 결과는 아니다. 자세히 설명하겠지만 미국의 대전략은 대통령 혼자 짤 수 있는 것이 아니고 장기적 관점에서 정기적으로 성안하고 확정해 절차에 따라 집행하는 것이다.

미국의 군사력은 여전히 미국을 뺀 세계 모든 나라를 합친 것보다 우위에 있다. 미국 대 나머지 국가 전체가 맞붙어도 미국이 승리한다는 뜻이다. 심지어 경제 시스템뿐만 아니라 거의 모든 국제 질서를 주도한다. 유엔부터 국제통화기금(IMF), 세계은행(WB) 등이 사실상 미국의 기구나 마찬가지다.

미국의 동맹국을 보면 중국과 상대가 되지 않는다. EU, 영국, 일본, 호주, 캐나다, 사우디아라비아, 인도, 인도네시아, 브라질, 멕시코, 나이지리아, 대한민국 등 세계 질서를 주도하거나 각 대륙 또는 권역을 대표하는 주요 국가들이 대부분 미국 편이다. '미국=세계'라는 말이 실감날 정도다. 미국과 그 동맹국은 군사력, 경제, 문화, 정치 제도, 도덕 수준 등에서 지구촌을 이끄는 주류이면서 선진국 블록이다. 중국을 추종하거나 중국과 연합하려는 나라들과는 비교하는 것 자체가 우스울 만큼 양적·질적 측면 모두 크게 수준 차이가 난다.

미국은 세계 최초로 대통령제를 도입하고 민주 제도를 발전시켜 자유·인권·민주적 가치 함양을 줄곧 이끌어 온 나라다. 독재 국가이고 인권 후진국인 중국과 비교하면 정신문화 측면에서도 선도국의 자격을 상대적으로 갖췄다.

이 정도면 자만할 만도 한데, 미국은 절대 제자리에 머물지 않는다. 이것은 신대륙 프런티어 정신을 신봉하는 미국만의 장점이다. 세계 100대 대학의 약 70퍼센트가 미국에 있고, 세계 특허의 5분의 1 이상이 미국에서 나온다.

이런 초강대국 미국의 어깨에 셰일 혁명이 날개까지 달아줬다. 이미 상대가 없던 상황에서 이제는 다른 나라들이 범접하기도 어려울, 한 차원 높은 곳으로 날아오를 수 있게 된 것이다.

마지막 체제 대결

미국이 패권을 위협하는 2인자로 부상한 중국을 무너뜨리기 위한 행동에 이미 돌입했음을 앞서 강조했다. 미국이 2인자로 전락하면 단순히 국가 순위 하락에 그치는 게 아니라 대국으로서 생존을 위협받기 때문에 이런 행동에 들어갔다는 점도 설명했다. 즉, 미국과 중국의 전쟁은 단순한 무역 전쟁이나 패권 다툼이 아니라 국가의 명운을 건 '생존 게임'이다. 중국이 이 싸움에서 밀리면 과거 왕조들처럼 분열과 쇠락의 길로 접어들 가능성이 농후해지듯, 다인종 국가에 넓은 영토를 지닌 미국 역시 패권을 빼앗기는 순간 분열과 쇠퇴로 국가 존립 위기에 처한다는 점을 잘 알고 있다. 이 싸움이 두 나라 모두 절대로 물러설 수 없는 치킨 게임으로 치닫는 이유다.

이런 점에서 미국과 중국의 대립은 20세기에 시작해서 아직도 끝나지 않은 '체제 전쟁'의 마지막 국면(final phase)이라고 할 수 있다.

미국과 소련이 이끈 자유민주주의 대 인민민주주의의 이념 대결은 미국의 승전으로 끝났지만, 이 승리를 위해 미국이 끌어들인 중국은 여전히 사회주의 독재 체제의 마지막 보루로 남아 있다. 그래서 미국과 중국의 대립을 미국-소련 간 냉전(Cold War) 종식 후 다시 찾아온 신(新)냉전(New Cold War)라고 하는 것이다. 미국의 많은 언론과 싱크 탱크가 미중 대립과 디커플링(decoupling)을 신냉전이라 부르고 있다.

중국과 국경을 맞댄 북한은 아직도 중국의 영향 속에서 보수적인 공산 독재 체제를 유지하고 있다. 한국에서는 미국과 북한의 핵 협상을 주목하지만, 사실 이는 미국과 중국 간 체제 대결의 한낱 지류일 수 있다. 미국 입장에서는 중국만 무너뜨리면 북한 문제를 해결하는 것은 어려운 일이 아니다. 미국이 북한과 벌이는 핵 협상은 이처럼 거대한 중국 붕괴 전략의 일부로 진행될 가능성이 작지 않다.

트럼프 등장은 레이거니즘의 부활

도널드 트럼프 미국 대통령의 등장은 이런 미중 간 체제 대결적 성격을 입증하고 가속화하는 살아 있는 증거다.

트럼프의 대통령 당선은 미국 우선주의(America First)를 내세운 내셔널리즘의 승리이자 탈세계화의 시작이기도 했지만, 다른 한편으로는 빌 클린턴 정권부터 미국 사회에서 확산 추세였던 좌파 리버럴리즘에 대한 반발이다.

트럼프는 '정치적 올바름(political correctness, PC)'을 부르짖는 좌파 글로벌리즘을 공개 석상에서 직설적으로 비판한, 사실상 미국 최초의 제도권 정치 지도자다. 예컨대 특정 종교의 것이라며 버락 오바마 정부 시절 금기시됐던 '메리 크리스마스(Merry Christmas)'라는 인사말을 눈치 보지 않고 쓸 수 있게 하겠다고 후보 시절 공언했으며, PC 글로벌리즘의 상징 중 하나인 LGBT(동성애·양성애·성전환)도 노골적으로 비판했다. '국경 수호'를 외치며 '불법적' 이민과 난민을 불허하겠다는 점도 분명히 했다. 트럼프의 공화당이 인종 차별을 한다고 야당인 민주당은 공격하지만, 냉정하게 살펴보면 트럼프가 이민을 불허한다고 직접 말한 적은 없다. '불법적' 이민을 허락하지 않겠다고 했을 뿐이다.

이런 이슈들은 예전 같으면 공화당 후보조차 눈치를 보며 직설적으로 말하지 못했던 것들이다. 안 그래도 지지율이 미미했던 후보가 〈워싱턴 포스트(WP)〉, 〈뉴욕 타임스(NYT)〉 등 주류 리버럴 언론이 옹호해 온 이슈들에 반대하자 트럼프에 대한 공격은 더욱 심해졌다. 하지만 돌이켜 보면 이성적 비판이나 논리적 반박 대신 트럼프를 '미치광이'나 '이상한 사람'으로 몰아가는 방식의 감성적 보도가 많았다.

그러나 역사의 흐름은 거스를 수 없었다. 오랜 시간 주변 눈치만 봤던 미국 내 주류 백인 사회가 그를 반기기 시작했다. "내가 하고 싶었던 이야기를 트럼프가 너무 속 시원히 해 준다"는 이유였다. 트럼프의 지지율은 수직으로 상승했고, 결국 2016년 말 대통령 선거에서 PC 글로벌리즘 편에 섰던 민주당의 힐러리 클린턴 후보를 꺾고 세계 최강대국 지도자에 오르는 기적을 연출했다.

기적이라고 했지만, 세계사의 흐름과 미국 사회에 대한 통찰이 있었다면 트럼프의 승리는 사실 전혀 기적이 아니었다. 미국에 대한 정보와 이해가 부족한 국내 언론과 연구소, 정치권 등은 예상하지 못한 대선 결과지만, 오랫동안 대권 도전을 꿈꿔 온 트럼프는 이런 미국 내 민심 변화와 세계사적 흐름을 정확히 간파하고 승부수를 던져 대권을 쟁취했다.

트럼프 시대의 개막은 한동안 단절됐던 레이건 시대 보수 우파 정치와의 연결이라는 성격도 있다. 이 점 역시 중요한 대목이다.

제40대 대통령(1981~1989)인 로널드 레이건은 미국인으로부터 가장 큰 사랑을 받는 역대 대통령 중 하나다. 재임 기간 공산 진영과 대결에서 승리하고 인플레이션을 극복함으로써 팍스 아메리카나 시대를 열었다.

레이건은 정치 신인 시절이던 1964년, 공화당 대선 후보 배리 골드워터 지지 연설에서 "평화와 전쟁 사이에서 선택은 없다. 오직 싸우느냐 항복하느냐의 선택만 있을 뿐"이라는 말을 남겼다. 그로부터 16년 뒤 대통령에 당선되고 나서 이런 철학을 뚝심 있게 밀어붙여 그가 '악의 제국(Evil Empire)'으로 명명한 소련을 굴복시켰다.

트럼프 대통령은 사석에서든 공석에서든 레이건을 존경하며 그의 계승자가 되고 싶다는 속내를 공공연히 드러내곤 했다. 레이건이 소련 타도를 위해 구상한 이른바 '스타워즈 계획(전략 방위 구상, SDI)'을 서랍 속에서 다시 꺼내 '우주 방위군'이라는 이름으로 구체화했다. 중국이든 러시아든 이제는 저 높은 우주에서 초전박살 내겠다는 전의를 공공연히 불태운 것이다.

미국 보수의 사상적 진지인 헤리티지 재단을 설립한 에드윈 퓰너도 "트럼프의 롤 모델은 로널드 레이건"이라고 여러 차례 말했다. 레이건은 골드워터의 계승자이고, 골드워터는 미국 보수 진영의 '묘판'

역할을 했다. 골드워터가 뿌린 청교도 보수 정치의 씨앗이 레이건에서 꽃피운 뒤에 다시 트럼프로 계승돼 새로운 도약의 시작점에 섰다. 풀너는 이런 역사적 과정을 모두 지켜본 내부자다. 이제 진보 좌파의 전매특허인 '진지전'에서 미국의 보수 우파는 밀리지 않는다.

자유 진영 대 사회주의의 대결

무엇보다 트럼프는 레이건의 계승자임을 자처하며 사회주의와 대결에서 반드시 승리하겠다는 점을 분명히 했다는 사실을 주목해야 한다. 그때와는 주적(主敵)만 바뀌었을 뿐이다. 레이건의 적은 소련이었고, 이제 트럼프의 적은 중국이다.

트럼프 대통령은 2019년 2월 연두 교서에서 "우리나라에 사회주의를 도입하라는 새 요구를 받고 있다. 미국은 정부의 강압과 지배, 통제가 아닌 자유와 독립을 기반으로 세워졌다"며 '자유'의 가치를 강조했다. 그는 특히 "오늘 밤 우리는 미국이 절대 사회주의 국가가 되지 않을 것이라는 결심을 새롭게 한다"며 '사회주의와 전쟁'을 선포했다.[4]

미합중국 대통령이 신년 회견 격인 연두 교서에서 굳이 '사회주의 불용'을 외친 것은 상당히 이례적인 사건이다. 이는 국제 정치와 세계사의 흐름이 바뀐다는 중요한 신호다. 그런데도 한국 언론은 이를 주목하고 부각하지 않았다. 우리 정세와 별 상관도 없는 미국 리버럴 언론의 트럼프 흠집 내기를 베낀 가벼운 기사들이 넘쳐 났다.

중국에 대한 미국의 전방위 공격은 군사 패권 사수, 무역 불균형 재조정 등을 위한 것이기도 하지만, 무엇보다 중국이 시도하는 사회주의 확산이 미국 내에 부정적 영향을 끼치는 것을 막겠다는 가시적 움직임으로 봐야 한다. 사회주의 확산은 자유민주주의의 기수인 미국의 몰락으로 이어질 수 있어서다.

반대로 '중국 분할', '중국 공산당 제거' 등의 시나리오가 성공한다면 이제 세계에서 미국이 주도하는 자유민주주의 질서에 정면으로 맞설 세력은 없어진다. 미국 체제에 사상적 영향을 미칠 결정적 위협을 제거하게 되는 것이다.

실제로 미국은 한국 전쟁을 전후로 내부 사회주의자들이 체제 전복 활동을 하면서 국가적 위기를 맞은 적이 있다. 1947년에 사회주의자들의 간첩 활동 사실이 발각되면서 1950년 국가보안법 격인 맥캐런법(McCarran Act)이 제정됐고, 당시 공화당 상원의원인 조지프 매카시가 "국무부 안에 205명의 공산주의자가 있다"고 폭로함으로써 대대적인 척결 작업이 진행되기도 했다.

당시 미국 내에서 위기감은 대단했다. 이 사건을 계기로 좌파 진영에서 만들어 낸 '매카시즘'이라는 신조어가 오랫동안 부정적으로 쓰이기도 했지만, 최근엔 매카시에 대한 재평가 운동도 일고 있다.

트럼프 대통령은 2019년 9월 유엔 총회 연설에서도 사회주의와의 전쟁을 다시 세계에 선포했다. 그는 연설에서 "사회주의의 망령을 경계해야 한다"면서 "미국은 절대로 사회주의 정권이 되지 않을 것"이라고 강조했다.[5] 또 "지난 몇십 년 동안 사회주의와 공산주의는 1억 명 이상을 죽음으로 몰아넣었다"며 현존 최대 위협인 중국을 겨냥했으며, 사회주의 국가인 중국과 베네수엘라, 쿠바의 인권 상황과 종교 자유 박탈을 비난했다. '종교 박해'를 비판하며 중국과 북한을 압박했고, PC 글로벌리즘에 대해서도 각종 사례를 들어 거듭 비판했다. 포스트 레이건 시대에 주로 '테러와의 전쟁'을 강조해 온 미국 지도자들과 전혀 다른 모습이다.

사회주의에 종언을 고하겠다고 나선 것은 트럼프 대통령만이 아니다. 마이크 펜스 부통령과 니키 헤일리 전 유엔 대사 등 미국 여권 지도자들도 일제히 나서 사회주의를 비판하고 중국을 견제하는 발언을 쏟아 내고 있다.

펜스 부통령은 2018년 10월 허드슨 연구소 연설에서 '자유 중국 (free China)' 실험은 실패로 귀결됐다고 선언하면서 중국을 "자유를 탄압하는" 전체주의 공산 국가로 규정했다.

헤일리 전 대사도 기회 있을 때마다 사회주의 사상의 위험성을 경계해 온 트럼프 정부의 대표적인 인사다. 만약 사회주의가 계속 퍼진다면 미국의 생존권 자체가 위협받을 것이라고 그는 주장한다. 그는 2020년 2월 허드슨 연구소 주최 토론회에서 세계 인류가 겪는 고통과 빈곤의 가장 큰 원인으로 사회주의를 지목했다. 그러면서 그는 이런 고통을 가장 잘 보여 주는 사례로 중국과 북한을 꼽았다.[6]

래리 커들로 백악관 국가경제위원회(NEC) 위원장도 중국과의 대립을 단순한 무역 전쟁이 아닌 '냉전'으로 규정했다. 체제 전쟁으로 본다는 얘기다. 그는 미중 경제 전쟁을 "레이건 대통령이 소련을 상대로 벌인 장기전"에 여러 차례 비유한 바 있다. 커들로 위원장은 레이건 행정부에서도 일했던 정통 보수 관료다.

피터 나바로 백악관 무역제조업국장은 오래전부터 중국을 타도해야 한다는 신념을 설파해 왔고, 이런 내용을 담은 저서도 세 권이나 펴냈다. 2018년 10월에는 폭스 TV 인터뷰에서 중국을 '기생충'이라고까지 불렀다.

미국은 우리가 막연히 생각하듯 대통령 혼자서 마음대로 움직일 수 있는 간단한 나라가 아니다. 상원을 중심으로 '거대한 지도층'이 여론을 형성하고 국가적 의사 결정을 한다. 트럼프 혼자서 사회주의 배격에 나선 게 아니라는 얘기다.

이는 공화당의 재집권 전략과도 맞닿아 있다. 사회주의와 좌파 글로벌리즘의 창궐은 트럼프 대통령과 공화당의 재선을 위험하게 만들기 때문이다.

중국 역시 이 싸움이 체제 전쟁임을 잘 이해하는 모습이다. 미중 충돌이 가속화된 것과 발맞춰 독재 국가답게 관영 매체를 동원해 시진핑 주석의 사상과 사회주의의 우월성을 지속해서 홍보 중이다. 관영 CCTV는 2019년 3월 "사회주의만이 중국을 살릴 수 있고, 중국 특색 사회주의만이 중국을 발전시켰고, 이는 역사의 결론이고 인민의 선택"이라는 시진핑 주석의 사회주의 이론을 새삼 소개했다. 북한 주체사상처럼 '중국 특색 사회주의'를 강조한 시 주석의 철학도 부각했다.[7] 지난 2013년 1월 시 주석이 제18차 공산당 대회에서 1인자인 당 총서기로 선출된 직후 한 강연 발언을 다시 소개하며 체제 선전전에 나선 것이다. 관영 신화통신과 시나닷컴 등도 이런 시 주석의 발언을 톱으로 올렸다.

시 주석은 당시 강연에서 자본주의가 필연적으로 몰락하고 사회주의가 필연적으로 승리한다는 역사적 유물론적 관점이 시대에 뒤떨어지지 않았음을 강조했으며, 소련의 붕괴 이유는 사회주의의 한계가 아니라 소련 공산당의 역사, 레닌과 스탈린 등을 부정하면서 사상이 혼란해졌기 때문이라고 주장했다. 이런 발언을 6년이나 지나 중국 공산당이 언론 매체를 통해 다시 홍보하고 나선 것은 미중 패권 충돌의 본질을 잘 이해하고 있다는 방증이기도 하다. 이는 미국이 이끄는 자본주의에 맞서 사회주의 진영의 리더로서 절대 물러서지 않겠다는 메시지이면서, 체제 대결에서의 패배는 곧 중국의 몰락이라는 위기의식이 절박하다는 점을 보여 준다.

미, 대만 건드려 디커플링 시도

미국이 중국과 단순한 경제 전쟁을 하는 게 아니라 국가 생존을 건 치킨 게임을 벌이고 있다는 또 다른 증거가 바로 중화민국(대만)과의 관계 복원이다.

'하나의 중국(One China)'은 중국의 핵심 이익 중에서도 최우선 순위에 있는 가장 민감한 문제다. 중화인민공화국과 중화민국은 아직도 중국의 국가 정통성이 어디 있느냐를 놓고 경쟁하는 관계이기 때문이다.

그런데 미국은 2019년 6월 공식 군사 문서인 '인도 태평양 전략 보고서'에서 대만을 '국가(state)'로 공식 규정함으로써, 1979년 중국과 수교 이후 40여 년간 견지해 온 '하나의 중국' 원칙을 사실상 파기했다. 중국으로서는 섬뜩하고 불안해질 수밖에 없는 파격적인 행보였다.

이제 미국은 과거와 반대로 중국과 거리를 멀리하고 대만을 가까이에 두기 시작했다. 트럼프 대통령이 2016년 당선 후 차이잉원(蔡英文) 대만 총통과 통화한 장면 역시 중국에게는 불쾌한 대목이다. 비록 당선자 신분이었지만 미국과 대만 정상급 간 전화 통화는 1979년 이후 처음 있는 일이었다. 2020년 1월 차이잉원이 총통에 재선되어 집권 2기를 열었을 때는 폼페이오 국무부장관이 공식 성명을 통해 축하했다. 미국 국무장관이 공개 성명으로 대만 총통 취임을 축하한 것도 처음이라고 한다.

40여 년 전 미국은 '소련 죽이기'를 위한 사전 포석으로 공산 국가 중화인민공화국과 수교할 당시 '하나의 중국' 원칙을 인정하며 자유 진영 중화민국과 단교했다. 미국의 결정은 곧 국제 사회의 기준이 되므로, 대만 대신 중공이 '중국'이란 명칭을 당당히 쓰면서 국제 사회의 중심으로 빠르게 진입했고 대만은 일순 외톨이 신세가 됐다. 원래 다수파에 정통성을 보유했던 중화민국이 소수였던 사회주의자들의 계략에 휘말려 국공 내전에서 패하고 작은 섬으로 쫓겨 갔고, 이후 30년 만에 중화인민공화국이 엄청나게 세력을 확대하는 동안 중화민국은 제대로 된 국가로도 인정받지 못하는 처지로 전락했다. 당시 이 사건은 국제 사회가 이념과 진영 논리보다 '실용'에 바탕을 둔 각자도생의 시대로 나아가는 역사적 계기가 된 것으로 평가받았다.

하지만 기나긴 역사 속에서 수십 년은 찰나의 시간이며, 앞으로는 다시 어떤 일이 일어날지 모른다. 국제 관계는 인간의 지력으로는 예측하기 어려운 상황에서 우연한 돌발 사태가 물줄기를 바꿔 놓곤 한다. 제1차 세계 대전 개전은 그 대표적인 사례였다.

지금 확실하고 중요한 것은 미국이 아시아 전략과 중국 압박 작전에서 대만을 주요 카드로 쓰기로 결정했다는 사실이다. 미국은 대만에 상당한 양의 전략 무기를 판매하기로 했으며, 2020년 1월 대선에서 '온건 독립파' 차이잉원 총통 재선을 측면에서 지원함으로써 그가 친중파를 상대로 압승을 거두는 데 기여했다. 중국은 친중파인 궈타이밍(郭台銘), 한궈위(韓國瑜) 등을 배후에서 돕는 등 차이잉원 재선을 저지하려 총력을 기울였지만, 미중 간 원격 대결의 승리는 미국에 돌아갔다. 이를 계기로 미국은 친대만 정책을 지속적으로 내놓으면서 대만 내 친중파 정치인들의 세력과 입지 약화를 야기하고 있다.

미국이 대만을 '사실상' 국가로 규정하긴 했지만, 아직은 대만과 동맹도 아니고 국교도 여전히 단절된 상태다. 그러나 미국은 '대만 관계법'에 대만 해협을 미국의 이익과 직결된 지역으로 규정했으며, 대만이 위협받는 상황에서는 "저항할 수 있는 능력"을 명시함으로써 유사시 대만에 개입할 장치를 만들어 놓은 바 있다. 이제 미국은 더 나아가 '하나의 중국' 원칙을 사실상 폐기함으로써 궁극적으로 대만을 인도 태평양 전략, 즉 중국 포위 전략의 일환으로 활용하려 한다.

미국의 이런 움직임에 화답하듯, 두 번째 임기를 시작한 차이잉원 대만 총통이 중국이 강요하는 '일국양제(一國兩制)'를 수용하지 않겠다고 천명한 것은 미국과 대만 간 모종의 교감이 이뤄지고 있다는 증거로 받아들여진다. 중국은 대만에 대한 무력 사용 가능성까지 거론하지만, 미국과 대만의 밀월 관계가 지금처럼 공고하다면 중국의 협박은 통하기가 어렵다.

미국은 또 '항행의 자유' 작전에서 대만 해협을 통과하는 횟수를 계속 늘리고 있다. 중국 남쪽 바다에서 대만의 활용도를 더욱 늘리겠다는 의지로 보인다.

오래전 준비한 '중국 죽이기'

만약 대한민국이 적으로부터 무력 침공을 받는다면, 지구상에서 우리를 실질적으로 도와줄 수 있는 나라가 어딜까?

외교 안보 및 군사 분야 전문가들이 사실상 유일하게 꼽는 나라는 미국뿐이다. 굳이 전문가가 아니어도 이런 사실은 누구나 조금만 생각해 보면 알 수 있다.

요즘 주목받는 개념인 '자기 객관화(self-objectification)'를 통해 따져 봐도, 당대 세계 최강대국 중 하나였던 일본의 식민지에서 우리가 해방된 것은 스스로의 힘이라기보다는 미국이 원자폭탄을 위시한 무력으로 일본을 제압한 것이 직접적 원인이었다. 6·25 한국 전쟁 때 영토의 절반에서라도 자유와 민주주의를 지켜 낸 것 역시 수많은 미군과 미국의 동맹국 병사들이 낯선 땅에서 피를 흘린 덕이 컸음을 부인할 수 없다. 냉정하게 보면 유엔 참전국들 역시 자유민주 진영의 리더가 결정했기에 병사와 무기, 물자를 한반도에 보내 함께 싸웠다.

이것이 현실 외교의 세계다. 외교에선 망상이나 선악 구분, 정신 승리가 통하지 않는다. 외교는 철저히 힘의 논리에 의해 움직일 뿐이다.

이런 한미 관계를 우리는 '혈맹'이라고 부른다. 피로 맺은 동맹이라는 숭고한 뜻이다. 미국이 한미 관계를 상징하는 표현으로 '린치핀

(linchpin)' 같은 중요한 외교 수사를 사용하는 것도 그런 맥락에서다.

그러나 과연 이 정도로 중대한 한미 동맹 관계에 걸맞게 우리가 미국을 잘 알고 있는지에 대해선 물음표가 붙는다. 사실 우리 국민은 미국을 잘 모른다고 해도 틀린 말이 아니다. 어쩌면 모르는 게 당연할 수 있다. 우리는 샤머니즘과 기복(祈福) 사상, 불교, 유교, 기독교 등이 혼재된 사상적 배경을 갖고 있으며, 현대화 과정에서 갑자기 민주주의가 외부에서 이식됐고, 식민 지배와 심각한 내전까지 거치며 가치관 혼돈을 겪었다. 사실 고도 성장 과정에서 우리 자신이 누구인지도 파악하기 어려웠는데, 전혀 다른 사상적 배경을 가진 이역만리 타국을 어떻게 제대로 이해하겠는가?

우리는 미국의 청교도적 사상 배경, 한국과 상당히 다른 정치적 결정 시스템, 국가 간 신뢰와 약속을 우선하는 태도, 자유민주주의에 대한 존중 등과 같은 '가치'를 이해하거나 체화할 기회와 시간적 여유가 없었다. 그래서 미국에 대한 우리의 분석은 전문가들조차 피상적이었고, 여기에 학술적으로 검증되지 않은 민족 해방론과 반미 사상까지 합쳐지면서 감성적이며 부정적인 미국관이 형성되기도 했다. 예컨대 "미제가 조국 해방과 통일을 방해했다"는 민족 해방론에 빠져 대학 시절을 보내다 외무 고시에 합격해 미국에 파견됐다면, 그가 직업 외교관이 돼서도 미국을 바라보는 시각의 기저엔 당연히 청년 시절 인식 형성의 잔재가 남았을 수 있다. 마르크스를 읽지 않고 반미적 태도를 보이지 않으면 촌스럽고 지식인답지 않다는 근거 없는 인식이 유행하던 때도 있었다. 따돌림 당하지 않으려면 최소한 반미인 척이라도 해야 했던 시절도 있었다. 우리 특유의 집단주의적 사고와 전체주의적 사상이 강한 탓이었다.

도널드 트럼프가 당선된 2016년 미국 대통령 선거 결과에 대해 우리 언론과 연구 기관, 외교가 등이 집단적 오류를 범한 일, 미중 무역전쟁을 일시적인 것으로 판단하는 전망이 한때 힘을 얻었던 일들은 이처럼 시각 정립의 첫 단추가 잘못 꿰어졌고 한국인과 미국인의 사고방식 자체가 다르기 때문에 벌어진 것이다.

미국을 움직이는 집단 지성

서설이 길었지만, 이유가 있다. 지금이라도 미국의 정치 시스템과 의사 결정 과정, 사상의 본질과 행동 양식을 정확히 알아야 급변하는 세계정세 속에서 우리가 나아갈 길을 조금이라도 더 정확히 찾을 수 있다는 점을 강조하려는 것이다.

구한말 우리는 세계 최강대국들에 둘러싸인 최약소국 중 하나였지만, 부패하고 무능한 위정자들이 그나마 줄이라도 잘 섰다면 조금은 다른 역사가 펼쳐졌을지도 모른다. 얼마나 국제 정세에 어둡고 우매했으면, 당시 주변 4강 중 하필 꼴찌인 러시아에 줄을 서려 했을까? 민중의 피폐하고 고단한 삶과 국가 미래에는 관심 없고 오로지 왕위만 보전하려던 부패한 이씨 왕조의 좁은 식견과 이기심을 떠올리면 아관파천은 당연한 선택이었을지도 모른다.

그런 면에서 "트럼프가 무엇을 했다" 식의 기사나 분석은 대중의 흥미는 끌 수 있어도 엄밀히 말하면 정확하지 않은 분석이다. 미국은 행정부 수반인 대통령 혼자 독단적으로 어떤 일을 결정하는 게 불가능한 시스템을 가졌기 때문이다.

미국은 거대한 집단 지성체가 움직이는 나라다. 이는 미국이 200년 훨씬 넘는 민주주의 역사를 이어 오며 시행착오를 겪고, 많은 피를 흘리며 수정하고 개선해 정착시킨 시스템이다. 실제로 미국은 현대 민주주의 사회에서 국가 운영 시스템이 가장 잘 확립된 나라로 평가받는다. 개인 한 명이 시스템의 큰 틀을 흔들 수 없다는 의미다.

'이단아' 트럼프 대통령의 집권이 미국 우선주의를 불러왔다는 식의 논조가 유행하기도 했다. 하지만 진실은, 탈세계화 바람이 불면서 미국 우선주의가 재등장할 때가 됐기 때문에 이런 기조를 표방한 '언더독' 트럼프가 당선될 수밖에 없었다는 분석이 더 합리적이고 논리적이다.

미국 행정부는 주요 대외 정책을 결정하기 전 오랜 연구와 세밀한 정세 분석을 진행한 뒤에 반드시 중장기 계획을 보고서 형태로 공개한다. 그리고 특단의 사태가 없는 한 중장기 계획을 한 치 어긋남 없이 이행한다. 이른바 예측 가능한 시스템이다. 중국과의 경제 전쟁과 일대일로 저지 정책은 트럼프 대통령이 어느 날 갑자기 중국이 감정적으로 밉고 싫어져서 시작한 게 아니다. 미국의 주요 대외 정책은 즉흥적으로 결정되지 않는다. 각종 정보기관과 연구 기관이 수집한 정보와 연구 결과를 바탕으로 오랜 논의를 거쳐 확정한 중장기 계획을 임기가 한정적인 대통령이 이행할 뿐이다.

지금의 중국 압박 작전과 북한 고사 작전은 오랜 기간 성안해 2017년 말부터 하나 둘씩 발표한 주요 전략 계획에 따른 것이다. 4년마다 나오는 『미국의 국가 안보 전략(NSS)』과 『미국의 국가 방위 전략』, 8년 주기로 나오는 『핵 태세 검토 보고서(NPR)』, 그리고 매년 또는 부정기적으로 발표하는 '대통령 국정 연설(State of the Union)', '대통령의 무역 정책 어젠다', '중국의 경제 침략을 표적으로 하는 대통령 행정명령' 등을 보면 지금 한반도와 아시아에서 일어나는 모든 일의 원인과 배경을 알 수 있다.

이들 중장기 전략 보고서에서 공통으로 중국은 미국 국가 안보에 가장 큰 위협이며 반드시 꺾어 놓아야 할 대상으로 묘사된다. 트럼프가 대통령에 당선되지 않았더라도 미국 행정부와 의회 등은 중국과 북한에 어차피 칼을 겨눴을 것이라는 의미다. 미국 내에서 중국은 견제해야 할 주적이고 북한은 더는 방치할 수 없는 불량 국가라는 인식에 이견은 없다. 야당인 민주당과 리버럴 주류 언론, 기업들까지 중국이 다시는 미국을 위협할 수 없도록 타격을 가해야 한다는 공통된 인식 아래 힘을 모은다. 국내 문제에서는 싸우더라도 최소한 미국의 주적이 가하는 위협에 대해서는 초당적 이해를 함께 해 온 미국적 전통의 발로다. 주요 이슈마다 트럼프 대통령의 발목을 잡았던 미국 민주당의 척 슈머 상원 원내대표마저 트럼프 행정부의 강경한 대중국 강경 무역 노선에 대해 "옳은 길을 가고 있다"는 말을 자주 할 정도다.

트럼프 대통령이 후보 시절 레토릭으로 내놓은 '미국 우선주의'는 처음엔 실제로 고립주의와 보호무역주의라는 의미로 쓰였다. 과거 '먼로주의'로 일컬은 불개입 고립주의로의 회귀에 가까웠다.

하지만 이건 사실 공화당 후보 트럼프 개인의 견해였다. 그가 미합중국 대통령 당선 뒤에 승인한 중장기 보고서들에 따르면, 미국 우선주의는 미군 철수와 같은 고립주의만을 뜻하는 게 아니라 안보 이익을 공유하는 동맹국들이 경제력에 상응해 방위 비용을 공평하게 부담함으로써 미국의 막대한 재정 적자를 막아 달라는 '호혜주의'로 전환한다. 이는 집단 지성이 작용해 여러 단계의 보정을 거친 결과다.

무역 정책 역시 보호무역이 아닌 '호혜적 자유무역'을 주창한다. 전임 행정부가 불리한 무역 협정을 체결해 손해를 본 만큼 공정하게 개정하고, 자유무역을 악용하는 중국 같은 나라들의 불공정 행위를 근절해 자유무역 질서를 회복해야 한다고 일관되게 주장한다.

이런 원칙들을 직접 들여다보면 미국이 중국에 무역 제재를 잇달아 가하고 금융 카드까지 검토할 뿐 아니라 중국 인권 문제까지 들먹이며 일대일로를 와해하려 하는 이유를 이해할 수 있다.

다만, 이런 중장기 보고서에는 구체적 사항은 들어가지 않는다. '전략은 예측할 수 있게, 작전은 예측할 수 없게'가 미국 정부의 기본 모토이기 때문이다. 이 같은 원칙 속에는 초강대국 미국이 제시하는 중장기 전략을 다른 나라들이 미리 이해하고 맞춤 정책을 수립할 수 있게 하되, 미국의 안보와 이익에 도전하는 나라는 언제든 '예측 불가한 작전'을 과감히 이행해 응징하겠다는 철학이 깔려 있다. 소련의 사분오열과 동유럽 분리 전략, 일본의 경제적 도전을 응징한 '플라자 합의', 이라크 전쟁, 그라나다 침공 등 현대사를 보면 실제로 미국의 이런 원칙은 흔들림이 없었다.

이런 점에서 미국과 중국의 충돌, 북미 관계와 비핵화 문제 등을 예측할 때 가장 객관적이고 정확한 방법은 미국의 중장기 전략 보고서를 직접 읽어 보는 것이다.

'힘의 우위'를 통한 평화

트럼프 정부 들어 공개된 중장기 전략 보고서의 몇 가지 내용을 간략히 들여다보자.

이 보고서들의 몇 가지 내용만 봐도 미국의 '중국 죽이기'가 갑작스럽게 시작된 일이 아니며, 트럼프 대통령만의 색깔을 담은 행보가 아니라는 점을 알 수 있다. 대중국 공격은 미국 지도층 전체가 합의해 선택한 장기적 차원의 국가 생존 전략이다.

2017년 말 발표한 『미국의 국가안보전략 보고서(National Security Strategy of the United States)』는 "미국은 군사적인 승리를 정치·경제적 승리로 강화했다"는 점을 분명히 한다.[8] 미국이 최강대국 위치를 유지하는 것은 결국 군사적 절대 우위에 따른 것이며 앞으로도 이런 기조가 유지될 것임을 천명한 것이다. 이는 실제로 중국, 북한, 이란 등을 다루는 세부 전략의 기초로 작용 중이다.

특히 중국에 대해서는 러시아와 함께 "미국의 영향력과 이익에 도전하고 미국의 안보와 번영을 훼손하려 시도"하는 나라로 분명히 규정했다. 지금 펼치는 강력한 중국 압박 캠페인을 트럼프 대통령의 개인 취향에 따른 것처럼 분석하는 게 얼마나 무지한 일임을 보여 주는 증거다.

보고서는 또 제3장에서 "힘을 통한 평화 유지"를 천명하고, 세계 정세를 "억압적 체제를 선호하는 나라들과 자유 사회를 선호하는 나라들 사이의 정치적 대립"으로 명백히 규정한다. 자유 사회를 선호하는 나라는 미국과 그 동맹국들이며, 억압적 체제를 선호하는 나라는 중국, 러시아, 이란과 북한, 지하드 테러리스트들이라고 분류한다. 위협을 거론할 때 중국이 러시아보다 계속 앞 순위에 나온다는 점도 주목해야 한다.

심지어 보고서는 중국에 대한 배신감을 강하게 토로한다.

미국은 수십 년간 중국이 국제 질서에 통합되고 부흥하도록 지원하면 중국이 자유화할 것이란 신념에 뿌리를 둔 정책을 폈다. 중국은 우리 희망에 반해 다른 나라의 주권을 희생시키며 권력을 넓혀 나갔다. 중국은 누구도 따라올 수 없을 정도로 데이터를 수집해 악용했고, 부패와 감시를 포함해 권위주의적 체제 특성을 확산한다. 중국은 미국 다음으로 세계에서 가장 강하고 충분한 예산을 지닌 군대를 가졌다.

중국의 핵무기는 숫자가 늘면서 다양화한다. 중국의 군 현대화와 경제 성장의 일부는 미국의 세계 일류 대학교를 포함한 혁신 경제를 활용한 덕을 봤다.

중국 개방을 주도한 리처드 닉슨 전 대통령이 오래전 털어놓은 바 있는 실망감이 공식 보고서에 들어간 것이다. 닉슨은 말년에 최측근과 대화에서 중국을 거론하며 자신의 정부가 "프랑켄슈타인을 만들었는지도 모르겠다"고 한탄했다고 한다. 이런 부분은 매우 중요한 대목이지만 불행하게도 우리 언론은 이를 주목할 능력도 철학적 기반도 모자란다.

보고서는 이런 적대적 경쟁국들을 견제하려는 목적에서 '국가 안보 혁신 기반(NSIB)'을 지켜야 한다고도 밝힌다. NSIB란 지식과 관련된 재산권, 설비, 인적 네트워크를 말한다. 이에 따라 보고서는 '지식 재산권 보호', '비자 절차 강화', '데이터와 사회 기반 시설(SOC) 보호' 등을 가장 우선한 당면 과제로 제시하고, 간첩과 지식 절도를 막는 캠페인을 벌일 것이라고 공언한다. 현재 미국이 중국 첨단 산업의 상징인 화웨이 붕괴와 지식 재산권 절취 방지 등에 모든 힘을 쏟아붓고 중국 연구원과 중국 유학생들을 추방하는 움직임 역시 우연이 아님을 보여 주는 증거다.

'일대일로' 겨냥한 신(新) 태평양 정책

2018년 5월 30일, 제임스 매티스 당시 미 국방부장관은 71년 역사를 자랑하는 미국 태평양 사령부의 명칭을 인도 태평양 사령부로 바꾼다고 선언했다. 태평양 사령부는 지역 통합군으로서 최고의 역사를 자랑할 뿐 아니라 인도 동쪽부터 미 대륙 연안을 제외한 태평양까지 가장 넓은 지역을 담당하는 전략적으로 가장 중요한 해외 주둔군이다. 이 태평양 사령부 이름 앞에 '인도'를 붙인 건, 미국 정부가 2017년 10월 동북아시아~호주~인도에 이르는 지역을 통칭하던 '아시아 태평양'이라는 용어 대신 '인도 태평양'이라는 말을 쓰기 시작한 것의 연장선이다.

이런 변화의 배경 역시 이 보고서에 잘 설명돼 있다. 보고서는 중국이 "경제적 유인, 경제 보복, 공작, 군사적 위협 암시를 활용해 (상대국들이) 중국의 정치·안보 의제를 신경 쓰도록 설득하려 한다"고 지적한다. 그러면서 "중국의 SOC 투자와 무역 전략은 중국의 지정학적 열망을 강하게 한다"고 했다. 아예 구체적으로 인도 태평양 사령부의 등장이 중국의 역내 영향력 확대와 육상·해상 일대일로 전략 저지를 위한 것임을 사실상 고백한다.

남중국해에 전초 기지를 건설하고 군사화하는 것은 자유로운 무역 흐름을 위험에 빠트리고 다른 나라의 주권을 위협하며 지역 안정을 해친다. 중국은 이 지역에 미국이 접근하는 것을 제한하고 자국 활동 반경을 넓히려고 군사 현대화를 빠르게 추진했다. 중국은 자신의 야망을 호혜적이라고 하지만 중국의 지배로 인해 인도 태평양에서 많은 나라들의 주권이 위축될 위험에 처한다.

이는 인도 태평양 사령부의 등장이 아시아의 맹주를 차지하고 아프리카까지 해상 진출을 시도하는 중국 부상을 견제하려는 것임을 사전 예고한 것이다. 이를 통해 인도, 일본, 베트남 등과 함께 중국을 포위함으로써 해상 확장을 차단하기 위한 포석으로 봐야 한다.

당시 매티스 장관은 하와이 본부에서 열린 태평양 사령관 이취임식에서 사령부 명칭 변경을 발표하면서 "인도 태평양은 많은 벨트와 많은 길을 갖고 있다"는 직설적 경고까지 날렸다. '하나의 벨트(일대―帶), 하나의 길(일로―路)'을 견제한다는 천명에 다름 아니다.

일대일로 견제 의지는 보고서의 '아프리카' 장에도 확고히 나와 있다.

중국은 아프리카에서 경제·군사적 영향력을 넓히고 있고 20년 전만 해도 소규모 투자국에 그쳤으나 이제 아프리카 최대 무역 동반자로 성장했다. 중국의 일부 관행은 아프리카의 장기적 발전을 저해하는 중이다.

보고서는 특히 중국이 아프리카 국가들의 엘리트 집단을 부패하게

만들고 각종 천연자원 획득 산업을 지배할 뿐 아니라, '부채와 채무'
로 아프리카 국가들을 얽어매 지배하는 방법을 쓴다고 비판했다. 이
는 미국이 중국 일대일로 사업의 본질과 문제점을 정확히 꿰뚫고 있
다는 사실을 보여 준다. 일대일로는 대규모 차관 대출과 SOC 사업 시
행을 통해 상대국의 주요 전략 시설을 조차하는 방식이기 때문이다.

『2018 미국의 국가 방위 전략』 보고서에서도 중국의 일대일로 사
업을 반드시 저지하겠다는 의지가 드러난다.[9]

보고서는 중국을 "남중국해 섬과 암초를 군사화하고 약탈적 경제
로 이웃 국가를 위협하는 전략적 경쟁국", "군대 현대화를 지속해 가
까운 미래에 인도 태평양 지역 헤게모니를 장악하고 세계적 우위를
이뤄 미국을 대체하려" 하는 나라로 규정한다.

2020년 5월에 나온 트럼프 정부의 『미국의 대중국 전략적 접근』
보고서 역시 이런 원칙의 연장선일 뿐이다. 국내 언론과 학계는 이
제 와서야 '신냉전 선포'라며 새로운 사태가 일어난 듯 흥분하고 있
지만, 사실 수년 전부터 미국의 정책 원칙과 동향을 냉정하게 관찰해
왔다면 이번 보고서는 기존 방향을 재확인하거나 구체적으로 강조한
것임을 알 수 있다.

미중 대립을 중심으로 전개되는 신냉전은 이미 오래전에 선포됐
다. 미 상원 군사위원회가 2020년 5월 발표한 『태평양 억지 구상(The
Pacific Deterrence Initiative)』 역시 마찬가지 차원이다. 일대일로 억지라는
기존 전략을 미군 증원과 신규 기지 건설, 미사일 배치 등을 통해 전

술적으로 강화하는 동시에, 의회 역시 행정부의 중국 고사(枯死) 작전
에 일치된 행보를 이어 가고 있음을 보이는 증거다.

옛 소련과 일본의 반면교사

'중국 카드'로 소련 해체 이끌어

미국이 현재 중국을 견제하고 압박하는 모습은 과거 로널드 레이건 대통령 시절 소련을 강력하게 밀어붙여 결국 무너뜨린 광경을 떠올리게 한다.

한때 미국과 앞서거니 뒤서거니 경쟁했던, 세계 최초이자 최대 공산사회주의 국가 소련은 어떻게 하루아침에 몰락하게 됐을까? 소련의 몰락 과정을 다시 자세히 살펴보는 것은 현재 중국이 직면한 위기를 이해하는 데 도움이 된다.

1917년의 볼셰비키 혁명으로 성립한 '소비에트 사회주의 공화국 연방'(정식 연방 출범은 1922년)은 고작 70여 년을 존속한 끝에 1991년 12월 해체되고, 영토와 세력이 크게 위축된 채 군사·외교적 유산을 러시아가 사실상 그대로 이어받는다.

소련의 몰락은 단순히 한 대국의 붕괴가 아니라, 자유민주주의 체제와 공산사회주의 체제가 수십 년간 대립해 온 냉전 구도의 해체를 의미했다. 특히 오랫동안 이어진 이념 대결에서 자유민주 진영이 압승을 거뒀음을 만방에 알렸다. 소련 붕괴는 또 전 세계를 휩쓴 공산사회주의가 현실 세계에서는 실패할 수밖에 없는 이상론이자 탁상공론임을 입증했다. 소련 해체 당시 우리나라는 물론 세계 각국의 좌파가 극심한 충격을 받았으며, 그 반대급부로 신자유주의와 세계화의 물결이 지구촌을 휩쓸었다.

　미국은 자유민주주의 체제 수호가 단순히 국익을 넘어 국가 생존의 최우선 과제임을 잘 알고 있었으므로 한 치의 망설임이나 좌고우면 없이 소련 붕괴 전략을 실행해 나갔다. 그 전략 가운데 가장 중요한 것이, 소련의 이웃 국가이자 공산 진영에서 두 번째로 큰 대국인 중국을 미국 편으로 끌어들이는 것이었다. 중국식으로 말하자면 오랑캐를 이용해 오랑캐를 제압하는 '이이제이(以夷制夷)' 전략이다.

　당시 팽팽했던 미소 간 힘의 균형을 생각하면 미국의 작전은 현명한 것이었다. 중국을 자기 편으로 끌어들여야만 소련을 꺾을 수 있다는 점을 미국은 정확히 간파했다.

　군사학·지정학적으로 접경 국가는 서로를 견제할 수밖에 없다는 건 상식이다. 공산사회주의 진영의 양대 산맥이라지만 소련과 중국은 잦은 충돌을 빚었다. 아무리 냉전 시대 동지라 해도 국경을 접하고 있기 때문에 멀리 떨어진 미국보다 실제로 더 큰 잠재적 위협이 될 가능성을 서로 상정하고 있었다. 그래서 '소련 견제'라는 부분에서 미국과 중국의 이해가 완벽히 맞아떨어졌다. 이 틈을 미국은 집요하게 파고들었다.

　중국은 또 공산주의의 한계와 '죽(竹)의 장막' 속에 고립된 현실을 인식하고 미국과 수교를 원하고 있었다. 미국은 헨리 키신저를 메신저로 중국과의 전략적 동반자 관계를 끊임없이 모색했고, 마침내 리처드 닉슨 미국 대통령과 마오쩌둥 중국 주석이 1979년 1월 1일 역사적인 미중 수교에 합의했다.

미국은 그 대가로 중국을 자유시장경제 체제로 안내했다. 이후 모두가 아는 대로 중국은 소련과 점점 멀어지고 달콤한 자본의 맛을 알게 된다. 중국은 고속 성장을 거듭하며 세계 제2위 경제 대국의 자리에까지 오르게 되고, 중국인들의 생활 수준도 급격히 높아졌다. 중국이 미국이 짜 놓은 세계 질서에 편입되는 길을 택하자, 공산사회주의 진영 맹주로서 소련의 지위는 갈수록 약해졌다.

그러나 미국에게 소련은 여전히 쉽게 꺾을 수 있는 상대가 아니었다. 소련은 당시 세계 최대 영토를 가졌고, 인구도 미국보다 많았으며, 식량과 에너지 자급도 가능했다. 전체주의 이념으로 뭉쳐 있었기에 내부 분열을 유발하기가 어려웠다. 게다가 가장 중요한 국방력은 미국에 필적했다. 미국에게는 현재 중국보다도 훨씬 더 강력한 상대였던 것이다. 아울러 소련은 동유럽을 안마당으로 보유하는 등 주변 견제 세력도 없다시피 했다. 이런 이유로 미국에게는 중국을 소련으로부터 떼어놓는 것이 가장 중요한 전략일 수밖에 없었다.

결과적으로 이 전략은 주효했다. 미국은 중국과 소련의 사이를 벌린 것을 시작으로 서서히 종합적이고 체계적이며 전방위적인 소련 해체·붕괴 전략을 펼쳐 나갔다. 로널드 레이건 당시 미 대통령은 소련을 '악의 제국'으로 명명하고, 힘의 우위를 통해 평화를 확보하는 강경한 정책을 취했다.

1980년대 초반 소련은 폴란드 자유 노조를 무력 진압하고 대한민국 국적의 KAL 민항기를 격추하는 등 인류사에 길이 남을 만행을 저질렀다. 아울러 아프가니스탄 침공 작전을 더욱 강화하는 등 자유세계를 겨냥한 전방위 도발을 멈추지 않았다. 미국과의 건곤일척 승부에서 이겨야만 대국을 유지할 수 있다는 걸 소련은 잘 알았다. 광대한 영토와 이민족으로 구성된 연방 공화국으로선 당연한 상식이었다.

같은 연방제 공화국인 미국 역시 마찬가지였다. 소련에 밀리는 것은 단순히 2인자로의 전락에 그치는 게 아니라 체제 전쟁에서의 패배이며, 이는 미 본토에서 사분오열의 씨앗이 되리란 걸 모를 리 없었다. 미국과 소련의 대립은 그저 누가 1등을 하느냐의 싸움을 넘어 양쪽 모두 국가의 명운과 존속을 건 외나무다리 대결이었던 것이다.

미국은 강력한 대응을 천명했다. 미국은 특히 아프가니스탄 반군 게릴라 단체인 무자헤딘을 배후에서 지원함으로써 소련이 장기전에서 많은 국력을 소모하도록 했다. 중동에서의 압도적인 영향력을 바탕으로 세계 유가를 조정함으로써 소련의 주된 수출품 천연가스 가격이 약세를 띠게 만들어 소련 경제에 타격을 줬다. 소련의 대륙간 탄도 미사일(ICBM) 위협을 확실히 제거한다는 목표로 전략 방위 계획(SDI)을 발표함으로써 군사적으로 소련을 강력히 압박했다. 동맹 서유럽을 위협하는 중거리 핵 미사일 축소도 요구했다.

치킨 게임과도 같은 이런 힘 대결은 사실 '돈의 전쟁'이다. 천문학적 예산이 소요되는 군비 증강과 동맹국 지원 등의 전략적 작업을 끊임없이 이어 가야 하기 때문이다. 밑 빠진 독에 물 붓기로 양쪽 모두 엄청난 출혈을 감수해야 했지만, 결국 소련이 먼저 한계점에 도달했다. 소련은 당장 군비 대결로는 지지 않을 자신이 있었으나, 금고가 계속 비어 가는 것은 또 다른 문제였다.

레이건 대통령과 소련의 새 지도자 미하일 고르바초프는 수차례 담판을 통해 중거리 핵 미사일과 전략 핵무기 감축에 합의한 끝에 1987년 12월 핵무기 폐기에 관한 중거리 핵 전력 조약을 체결했다.

동서 냉전의 상징이던 군비 경쟁이 이렇게 느슨해지고 데탕트(화해) 무드가 형성되자, 세계 최대 경제 대국이면서 기축 통화와 주요 선진 동맹국들을 보유한 미국에 유리한 전장이 마련됐다. 철권통치로 유지해 온 사회주의 독재 국가 소련이 '페레스트로이카(개혁)·글라스노스트(개방)'를 선언한 것은 미국이 만든 자유시장경제 질서를 인정한다는 뜻이기도 했다. 마침내 수십 년을 이어온 팽팽했던 균형이 미국 쪽으로 급격히 쏠리기 시작한 것이다.

미국이 오랫동안 공들여 만든 세계 질서 속에서 경제 침체와 외교적 고립에 시달려 온 소련은 결국 개혁·개방과 함께 최초의 다당제 선거 등 민주주의 제도를 도입하고 자구 노력을 기울이지만, 이런 행보는 오히려 소련을 더 빨리 무너뜨리는 '독'으로 작용한다. 개혁 세력과 공산 보수 세력의 대립이 계속된 끝에 1991년 8월 보수파가 쿠데타를 일으키지만, 보리스 옐친 러시아 연방 대통령을 중심으로 한 개혁파의 강력한 저항으로 실패한다. 같은 해 9월 발트 3국 독립, 12월 우크라이나 독립을 시작으로 소련은 급속히 붕괴한다. 결국 1991년 12월 25일 소련은 74년간의 영욕을 뒤로 하고 역사 속으로 사라진다. 공식 소멸한 소련 정부의 역할은 옐친이 주도한 독립 국가 연합(CIS) 가운데 러시아 연방이 계승한다.

볼셰비키 혁명이라는 사회주의 쿠데타로 탄생한 소련은 처음부터 소수의 직업 혁명가들이 억지로 만들어 낸 기형적 독재 국가였다. 이런 직업 혁명가는 지금까지도 자유민주 진영 국가 곳곳에서 암약 중이다. '인민 해방'을 부르짖었지만 오히려 소수만 재화를 독점하는 독재 체제를 강화했으며, 인민을 더 큰 압제와 빈곤, 인권 부재의 상태로 몰아넣었다. 소수 지배 계층과 피지배 계층의 빈부 격차는 소련 탄생 이전보다 더 벌어졌으며 다수 국민의 삶이 피폐해져만 갔다. 민족, 이념, 문화적 차이를 무시한 채 이념을 연결 고리로 억지로 급조한 국가는 아무리 힘이 세고 폭압 통치를 해도 분열·해체되고 만다는 진리를 여실히 증명한 소련이다. 소수 공산당 지배 계층의 이익을 위해 존재한 나라, 이상론적 좌파 이론의 거짓과 선동으로 쌓아 올린 전체주의 왕국의 몰락이었다.

소련은 지금 중국과 어떤 점이 달라 보이는가? 소련 몰락에 결정적 어시스트를 한 중국이 지금은 옛 소련과 마찬가지로 미국과 패권 다툼을 벌이는 것은 역사의 아이러니이다.

미국은 과거 소련을 흔든 '중국 카드'에 준하는 선택지로, 중국 흔들기를 위해 인도·베트남·일본 카드를 빼 들었다. 아시아 태평양 사령부를 인도 태평양 사령부로 개칭하고 중국을 압박하는 것은 이런 차원에서다. 혈맹인 한국 역시 대중국 압박 작전에 동참하라고 요구하고 있지만, 한국 정부의 움직임은 미온적이다. 이런 판단에 대한 평가는 훗날 객관적이고 엄정하게 이뤄질 것이다.

레이건 전 대통령의 계승자를 자처하고 레이건을 닮고 싶어 하는 모습을 여러 차례 드러낸 트럼프 대통령은 실제로 레이건의 소련 붕괴 전략을 중국 붕괴에 적용하고 있다는 분석도 나왔다. 미국 외교 안보 전문지 『내셔널 인터레스트(The National Interest)』 편집인 해리 카지아니스는 이러한 분석 틀을 사용하는 사람 중 하나다.

카지아니스는 2019년 9월 폭스 뉴스 기고문을 통해 트럼프 대통령의 대중국 전략을 레이건 전 대통령의 옛 소련 해체 전략과 비교했다.[10] 그는 기고문에서 "이른바 전문가들이란 사람들이 트럼프 대통령의 대중국 전략을 비판하지만, 사실 이들은 트럼프 행정부의 전략적 포석이나 실행 방법 등을 이해하지 못한다"고 꼬집었다. 중국을 압박하기로 한 트럼프 행정부의 판단은 정확했다는 게 그의 견해다.

카지아니스는 중국을 소련과 같은 '악의 제국' 부류로 규정하면서, 트럼프를 중국의 도전에 따른 경제 위기를 극복하는 동시에 희생을 감수하면서도 공산주의 위협을 억제하려는, 철학과 강단 있는 지도자로 묘사했다.

일 '잃어버린 20년'도 미국의 보복

소련을 무너뜨리며 명실상부하게 세계 패권을 차지한 미국은 또 하나의 작은 도전자를 물리친 일이 있다. 바로 경제 대국 일본이었다.

2차 대전 패전국으로 잿더미의 절망 속에 있었던 일본은 미국이 만들어 놓은 자유무역 질서 안에서 급속히 성장했다. 군사적으로 미국의 동아시아 전초 기지이면서 아시아에 미국식 자본주의를 퍼뜨리는 첨병으로 인식됐던 일본은 다시 힘을 키우자 미국에 칼끝을 겨누고 나섰다.

세계 최대 제조업 국가였던 미국은 1980년대 들어서면서 당시로선 첨단 산업이던 자동차, 반도체, 전자 제품 등에서 정상의 자리를 대부분 일본에 내주게 된다. 일본에 비해 높은 인건비와 낮은 생산 효율 등으로 경쟁력을 크게 잃어 갔기 때문이다. 특히 미국은 1970년대 두 차례에 걸친 오일 쇼크로 인한 인플레이션 탈출을 위해 고금리 정책을 유지하면서 달러 가치가 절상되자 자연스럽게 수출이 감소하고 수입이 확대되며 무역 적자가 심화했다. 당시 미국 달러화는 일본 엔화, 독일 마르크화, 영국 파운드화보다 대략 50퍼센트 안팎이나 평가 절상된 상태였다. 막대한 무역 적자에 천문학적 군사비 지출과 소득세 감세로 인한 정부 재정 적자까지 더해진 이른바 '쌍둥이 적자'가 세계 최대 경제 대국 지위를 위협했다. 무엇보다 대일 무역 적자가 1985년 들어 400억 달러를 훌쩍 넘어설 만큼 심각한 수준이었다.

그러자 일본은 지금의 중국 시진핑 정부처럼 기고만장해졌다. 수십 년 전 2차 대전 때는 군사력으로 미국의 벽을 넘지 못했지만, 경제 영토를 확장해 다시 세계 제패에 도전할 수 있을지도 모른다는 망상에 빠졌다.

이 책에서 계속 반복될 경구지만, 미국은 절대 2인자의 발호를 방치하지 않는다. 미국이 무너지지 않는 것은 위기에 강하다는 점 때문이다. 여야, 이념, 계층을 가릴 것 없이 비상시엔 하나로 뭉친다. 무엇보다 위기에 쓸 '카드'가 많다는 것은 미국만이 보유한 최대 강점이다. 미국은 지체 없이 또 한 번 '2인자 응징'에 나섰다.

미국은 적을 격퇴할 치명적인 무기(lethal weapon)로 금융 카드, 더 구체적으로는 환율 카드를 빼 든다. 2차 대전 때 두 방의 원자 폭탄 '리틀 보이(Little Boy)'와 '팻 맨(Fat Man)'으로 일본의 백기 투항을 이끌어 냈듯, 경제 침공에 대해서도 이를 격퇴할 원폭급 카드가 다량 장전돼 있었다.

미국이 일본 심장부를 향해 다시 한 번 날린 원폭은 바로 플라자 합의(Plaza Accord)였다. 1985년 9월 22일, G5(주요 5개국)인 미국·영국·서독·프랑스·일본 재무장관이 합의한 주요 통화 간 환율 조정 협정으로, 회담 장소였던 미국 뉴욕 플라자 호텔의 이름에서 따온 명칭이다.

당시 제임스 베이커 미 재무부장관은 일본 엔화와 독일 마르크화 평가 절상을 인위적으로 유도해 달러 강세를 진정시킴으로써 세계 경제 불균형과 불안정을 시정하라고 강력히 압박해, 요구를 관철해 낸다. 이에 따라 달러 가치는 이후 2년 동안 30퍼센트 넘게 급락하고 미국 제조업체들은 가격 경쟁력을 찾아 미국 경제가 빠르게 회복한다.

반면, 그 여파로 일본은 그 유명한 '잃어버린 20년'을 맞게 된다.

1달러에 240엔 수준이던 엔화 환율은 플라자 합의 후 1년 남짓 사이 150엔대로 폭등했다. 다시 이듬해인 1987년에는 120엔대까지 치솟는다. 엔화 가치가 급격하게 높아지자 일본 경제가 실제 체급보다 과대평가되는 착시가 발생한다. 이른바 '초대형 버블'의 시작이었다.

미국의 전략에 휘말린 일본에서는 부동산과 주식 시장에서 샴페인 거품이 난무했다. 주식과 부동산 가격이 천정부지로 뛰면서 '재테크'라는 신조어가 등장했으며, 불로 소득의 유혹과 과소비, 근거 없는 자신감을 부추겼다. 당시 세계 경제 중심지 중 하나였던 도쿄에서는 "긴자 거리에서는 개도 1만 엔 지폐를 물고 다닌다"는 우스갯소리가 유행할 정도였다.

적국을 물리칠 때, 전혀 사실에 근거하지 않은 터무니없는 자신감을 갖도록 하는 전술이 있다. 이른바 '정신 승리'를 하도록 유도하는 것이다. 일본 정부와 기업은 미국이 쳐 놓은 덫에 아무 의심 없이 발을 들였다. 일본 내 부동산 가격은 일본인들의 근거 없는 자신감을 더욱 끌어올리고 거품을 더욱 부풀렸다. "도쿄 땅을 팔면 미국 전체를 살 수 있다"는 말이 액면으로는 사실로 받아들여지던 시절이다. 주가의 빠른 상승은 당연히 시가 총액 급등으로 이어져 일본 기업들을 세계 최대 기업들로 보이게 만들었다. 세계 미술계에도 일본이 큰 손으로 등장해 명작들을 엄청난 가격에 사들였고, 당시 일본인들이 세운 몇몇 역대 최고 경매가 기록들은 아직도 요지부동이다.

그러나 모든 거품이 그렇듯 일본의 버블 신화는 쉽게 꺼졌고, 일본은 세계 패권 도전은커녕 이후 20년 이상 경기 침체를 위시한 각종 후유증에 시달렸다. 한국을 비롯한 신흥국의 고속 성장은 이처럼 미국이 일본을 견제하고자 다시 새롭게 만들어 놓은 판 위에서 이뤄졌다.

이제 미국은 중국에 대해서도 환율 카드를 꺼내 들었다.

중국은 군사적인 면을 비롯해 모든 면에서 일본과는 비교도 되지 않을 만큼 미국에 더 중대한 위협이다. 환율 카드는 중국 죽이기를 위한 다양한 선택지 가운데 하나이긴 하지만, 기축 통화를 보유한 나라로서 매우 중요한 무기다.

지난 2017년 말 아베 신조(安倍晋三) 일본 총리가 도널드 트럼프 미국 대통령과의 정상 회담 기간 함께 골프를 하다 벙커에 굴러 떨어지는 해프닝이 있었다. 트럼프 대통령을 빨리 쫓아가 보조 맞추며 대화하려고 서두르다가 그랬다는 게 일본 측 설명이었다. 실질적 국가 원수가 공식 외교 일정 도중 넘어지는 장면을 본 일본 총리실 경호 팀은 크게 놀랐을 것이다. 적지 않은 사람들이 이 장면을 보고 아베 총리를 비웃었지만, 다른 시각도 있다. 미국에 찍혀 오랜 세월 국민 전체가 고생했던 아픔을 정신 승리 대신 실력으로 이겨 보려는 와신상담의 각오가 숨어 있었다는 시각이다.

해프닝 이전에, 골프 경기란 통상 네 시간 이상 걸린다. 만나기 쉽지 않은 미국 정상과 스킨십 강화에 이처럼 효율적인 방법도 없다. 체면과 위신보다, 최대한 많은 시간을 최강대국 정상과 함께하며 하나라도 더 얻어 내겠다는 의지가 엿보였다는 평가도 있었다.

경제력, 기술력, 인구, 금융 인프라, 문화 수준 등에서 모두 일본에 뒤처지는 한국이 일본을 이길 방법은 단 하나, 일본과 미국의 관계를 최대한 벌리고 한미 관계를 더 가깝게 만드는 것이다. 그런데 우리는 그 반대로 스스로 미일 모두와 척을 지며 미일 관계를 더욱 밀접하게 만들어 주고 미국이 일본을 우리보다 더 가까운 상대로 인식하도록 일본을 돕고 있는 것은 아닌지?

총성 없는 전면전, 무역·기술 대전大戰

미국의 대중국 공세가 필연임을 앞서 여러 증거를 들어 설명했다. 그렇다면 미국이 지금처럼 초강경 중국 견제 정책으로 전환한 결정적 계기는 무엇일까?

미국은 이미 오바마 정부 시절부터 외교의 초점을 아시아 중시로 전환하는 '피벗 투 아시아(Pivot to Asia)' 정책을 도입할 만큼 중국의 위협을 경계해 왔다. 하지만 사실 지금의 가파른 대립을 초래한 결정적 계기는 중국이 스스로 제공했다. 스스로 화를 부른 것이다.

미국이 의심해 온 중국의 패권 야심이 노골적으로 드러난 대표적인 사례가 바로 시진핑 중국몽의 양대 프로젝트인 '일대일로'와 '중국 제조 2025'다. 2049년 세계 유일 패권국이 되겠다는 중국몽이 관념적 선언이라면, 일대일로와 중국 제조 2025는 중국몽을 구체화하는 양대 방법론이다. 일대일로는 확실히 미국 편이 아닌 나라들을 중국의 영향력 아래 놓고 지구를 미국과 양분하겠다는 거대 프로젝트이고, 중국 제조 2025는 군사 패권과 직결된 기술 패권을 미국 대신 중국이 쥐겠다는 계획이다. 미국을 제치고 유일 강국이 되겠다는 의도를 세계만방에 선포한 것이다.

당연히 미국은 두 프로젝트 모두 절대 용인할 수 없는 국가 안보 위협으로 받아들이고 본격적인 무산 작업에 들어간 상태다. 아예 싹을 잘라 놓겠다는 미국의 의지는 곳곳에서 행동으로 나타나고 있다.

중국 제조 2025와 일대일로가 실패하면 중국몽은 끝난다. 그리고 중국몽의 좌절은 시진핑 정권과 중국 공산당의 존속을 위협하게 된다. 그래서 중국 제조 2025와 일대일로의 내용과 전망을 정확히 짚는 것은 동북아시아를 위시한 세계정세를 예측하는 데 필수적이다.

파탄으로 치닫는 일대일로

일대일로는 동북 및 동남아시아~중앙아시아~아프리카를 잇는 무역과 물류망이자 신개념의 경제 블록이라고 중국 공산당은 선전해 왔다. 옛 동서 교통로인 실크로드를 재현한다는 취지이며, 하나는 육로고 하나는 바닷길이다. 미국이 지배하는 해상에서 유사시 중동으로부터의 석유 수송로가 막힐 것을 우려한 나머지 미리 확보한 루트를 통해 가스관과 송유관을 잇는 것도 일대일로 계획의 주요한 추진 이유였다. 처음엔 주변 국가만 대상이었으나, 몽골-러시아 벨트, 파키스탄 벨트에 이어 미안먀-방글라데시-인도 벨트가 추가됐고, 2015년 시진핑 정부가 일대일로를 공식 대외 정책으로 천명한 이후에는 아프리카, 유럽, 한반도까지 아우르는 거대 벨트로 계획이 확장된다. 북한을 관통해 중국까지 철로를 연결한다는 계획이 한국에서 거론되는 건 단순히 남북 경협 차원만이 아니다. 이미 약 50개국이 일대일로에 참여 의사를 밝혔고, 총연장 3만 킬로미터가 넘는 고속철 사업에 참여 계획을 밝힌 나라까지 합치면 100개국 이상이 일대일로와 직간접적으로 관계있다. 이처럼 일대일로는 중국몽을 세계 지도 위에 시각적으로 구현한 것이나 다름없다.

일대일로는 신(新) 중화 질서

시진핑은 일대일로 프로젝트를 통해 '중화 부흥'을 실현하겠다는 의지를 공공연히 밝혀 왔다. 중화란 이민족을 오랑캐로 규정해 억압하고 조공을 받는 자기중심적이고 후진적인 개념이면서 전형적인 제국주의다. 그래서 일대일로는 사실 시대착오적인 계획이다. 과거 근대 초 유럽 열강이 경쟁적으로 추진한 식민지 확장 계획이나 조차(租借) 사업의 현대적 재판이다. 과거 중국이 열강에 당하면서 그토록 비난한 제국주의를 21세기에 와서 재현하려는 것이다.

중국의 일대일로는 대상 국가에 돈을 빌려주고 인프라를 놓아 주는 방식을 통해 우회적으로 '사실상 조차'를 향하는 단계를 밟는다. 조직폭력배가 농민들에게 사채를 빌려주고 토지를 빼앗는 수법 같다고 비난하는 학자가 있을 정도다. 게다가 인프라 건설에는 중국 업체가 참여하니, 대출해 준 돈은 결국 공사에 참여하는 중국 민간 기업으로 흘러간다. 물론 대상 참여국에도 경제적 유인을 제시하지만, 내수 침체로 위기에 빠진 중국 기업에 더 크고 실질적인 경제적 기회가 간다. 과잉 생산과 넘치는 노동력을 외국에서 소화할 기회는 덤이다.

요약하면, 일대일로 참여국의 인프라 사업에 중국 정부가 차관을 주고, 중국 업체가 사업을 수주하며, 중국 노동자와 중국 자재 및 중간재로 공사가 진행된다. 차관 이자는 평균 10퍼센트 안팎의 고율이다. 그러면 이를 상환할 능력이 안 되는 참여국들은 해당 인프라의 운영권을 중국에 넘기는 사례가 나온다. 근대 열강이 식민지를 조차

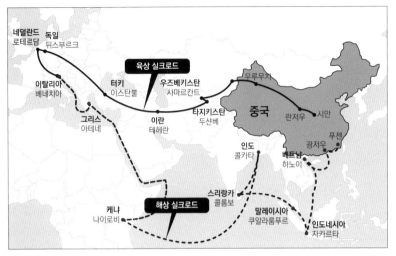

일대일로 사업 개요

한 방식과 본질적으로 다르지 않다.

　단적으로 스리랑카는 빚을 상환할 방법이 없자 지난 2017년 남부 함반토타 항구 운영권을 99년간 중국에 양도했다. 파키스탄도 중국 자금을 갚지 못하자 과다르항 운영권을 중국에 넘겼다. 덕분에 중국은 아시아 남부의 군사 전략 요충지를 사실상 조차한 효과를 거뒀다. 일대일로의 진짜 의도를 실현한 것이다. 심지어 파키스탄은 중국으로부터 빌린 막대한 차관 탓에 국제 통화 기금(IMF)으로부터 구제 금융까지 받아야 했다. 라오스와 키르기스스탄 등도 중국에서 차관을 들여온 뒤 국가 재정이 심각한 상태로 악화했고, 몰디브도 예산상 감당하기 어려운 거액을 고리로 빌려 무리한 사업을 벌이다 국고가 바

닥났다.

그래서 나온 용어가 '부채 함정 외교(debt-trap diplomacy)'다. 중국이 동남아, 아프리카 등에 있는 개도국에 인프라 건설 차관을 주고 이들 국가에 영향력을 행사하는 외교 전략을 뜻한다.

중국은 개발 원조와 외국인 투자 형식으로 일대일로 사업을 진행하면서 무리한 요구나 조건을 내걸어 불만을 사 왔다. 원조·투자 대상국에 자유무역 협정(FTA) 체결이나 천연자원 접근권 등을 강요하고, 아프가니스탄·타지키스탄 등에는 군 주둔이나 영토 이용 같은 주권을 침해하는 요구까지 했다. 파키스탄은 철도 건설 공사를 포함해 중국과 함께한 대규모 프로젝트 상당수를 많이 축소하거나 잠정 중단하기로 했다. 몰디브는 인도양의 작은 섬나라지만 원유 수송로 확보와 군사 전략상 매우 중요한 요충지여서 미국과 중국 간 신경전이 치열한 지역이다. 몰디브 역시 몇 개 섬을 중국이 50~100년 사용할 수 있도록 장기 계약한 상태여서 미국이 촉각을 곤두세워 왔다.

참여국 분란, 주변국 반발… 타산성도 물음표

'공짜 점심은 없다.'

꿈에서 깨어난 나라들, 즉 중국몽의 현실을 깨달은 나라들이 재빠르게 속임수의 덫에서 빠져나오면서 일대일로 계획은 크게 흔들리고 있다. 아시아와 동유럽 국가들은 인프라를 거저 지어 주겠다는 중국의 제안을 처음에는 반겼지만, 시간이 흐르면서 빚더미만 남는 거래를 계속할 바보는 세상에 없다.

이런 균열을 미국이 놓칠 리 없다.

몰디브는 2018년 새 정부가 들어선 이후 탈(脫)중국 노선을 걸으며 양국 간 무역 불균형을 비판했고, FTA 폐기와 섬 장기 임대 계약 파기 등을 거론하고 있다. 그 대안으로 몰디브는 미국이 새 아시아 전략에서 가장 공을 들여 온 인도를 향해 연일 러브콜을 보내고 있다. 인도 역시 몰디브를 적극적으로 감싸 안으며 부채 탕감 지원 등을 언급했다. 몰디브 지역에서 '항행의 자유' 작전을 펼쳐 온 미국이 이런 움직임과 무관할 리 없다.

네팔은 중국 기업이 지으려던 대규모 수력 발전소 프로젝트를 취소했다.

미얀마도 짜욱푸 항구 개발 사업에 회의적 시각을 내비쳤다.

말레이시아는 친중 정권이 무너지고 재집권한 마하티르 총리가 본격적으로 중국 견제에 나서며 미국과 중국 사이에서 실리를 챙기는 행보를 보인다. 동부 해안 철도 공사를 중단시키자 중국이 공사비를 깎아 줘 겨우 재개했고, 일대일로의 일환인 송유·가스관 공사를 중단하면서 사업에 참여한 중국 국영 기업 중국석유배관국(CPP) 자산을 압류하는 초강경 대응에 나섰다. 마하티르의 이런 행보는 노골적 친중 행보를 보인 전임 나집 라작 전 총리를 견제하는 측면도 있다. 나집 전 총리는 일대일로 사업을 추진하며 거액의 리베이트를 받아 빼돌렸다는 혐의도 제기됐다.

이처럼 사업 전체가 부정적 방향으로 흘러가는 상황에서 미국이 일대일로 계획을 저지하겠다는 의중을 뚜렷이 내비친 것은 의미심장하다. 이는 일대일로 프로젝트 참여국을 향해 "우리 편이냐, 중국 편이냐?"를 묻는 경고음이며, 일대일로를 좌초시키겠다는 분명한 의지표현이다.

심지어 트럼프 대통령은 2018년 8월 뉴저지 베드민스터 골프장에서 주요 기업 CEO들과 만나 일대일로 구상을 언급하며, "매우 모욕적(very insulting)"이라고 비판한 것으로 전해졌다.[11] 트럼프 대통령은 시진핑 주석과 직접 만난 자리에서도 일대일로가 미국에 '모욕적'이라는 의견을 직접 전달했다고 한다. 미국에서 모욕적이라는 표현은 단순히 불이익을 받은 경우가 아니라 상대가 자존심을 건드렸을 때 사용한다. 이 책에서 틈날 때마다 말하지만, 미국의 외교적 수사는 상당히 정제된 편이다. 미국의 대통령으로서 표현할 수 있는 불쾌감을 최대한 드러낸 것이면서, 미국 정부가 일대일로 구상의 의도를 어떻게 받아들이는지 여실히 보여 주는 대목이다.

제3 세계와 신흥국, 후진국을 넘어 미국의 안마당이나 다름없는 유럽까지도 친중 국가들로 만들겠다는 중국의 구상을 미국이 그냥 놔둘 리 없는 건 당연하다. 아시아 태평양 사령부를 개편한 인도 태평양 사령부만 해도 일본, 인도, 호주와 함께 중국을 해상에서 포위하는 동시에, 중국과 구원(舊怨)이 있거나 영토 분쟁 중인 베트남, 인도네시아, 파키스탄, 싱가포르, 필리핀 등을 활용해 중국을 견제하는 포석이다. 남중국해 등에서는 '항행의 자유' 작전을 지속해서 펼치며 중국의 팽창을 저지하고 있다.

일대일로 프로젝트는 미국의 저지와 참여국 및 주변국의 반발 외에도, 계획 자체가 친중 국가의 확산이라는 의도와는 다르게 오히려 적을 만드는 모순적 속성이 있는 데다, 무엇보다 타산성 자체가 부족하다는 맹점이 이미 드러났다. 내수 침체로 더는 국내에서 소화하기 어려운 노동력과 과잉 투자를 나라 밖에서 해소하고 중국 기업의 외국 진출을 활성화했지만, 이미 엄청난 돈을 투입했고 앞으로도 얼마나 더 많은 천문학적 자금이 들어갈지 모르는 밑 빠진 독 같은 사업이다.

국가 안보와 군사 전략상 진행하는 프로젝트라 해도 파트너들이 경제적으로 후진국이어서 회수할 수 없는 채권이 상당할 것이라는 우려도 점점 현실이 돼 가는 분위기다. IMF는 2018년 5월 보고서에서 중국의 일대일로에 참여해 돈을 빌린 아프리카 사하라 이남 국가들의 40퍼센트는 부채 상환 능력이 없다고 지적했다. 만약 디폴트(채무 불이행)를 선언하는 나라들이 속출한다면 중국 경제는 심대한 타격을 입을 수밖에 없다.

미국 역시 이런 부분을 '약한 고리'로 봤다. 미국은 인도 태평양 지역의 인프라 개발을 지원하고자 1억 1,300만 달러 이상을 투입해 펀드를 조성한다는 계획을 발표해 놓았다. 중국의 일대일로 사업과 지역적으로 겹치고 내용 역시 유사하다. 일대일로를 정면으로 겨냥한 계획이다. 아직 액수는 일대일로에 비해 미미하지만, 중국과 일대일로 참여국 간 채무 상환 문제가 본격적으로 확산하면 미국의 개입도 더 적극적으로 변할 가능성이 작지 않다. '인도 태평양 펀드'는 이런 계획을 가시화한 첫 발걸음이다.

세계를 양분하자는 일대일로 프로젝트의 노림수를 미국이 간파한 순간부터 이 프로젝트의 운명은 이미 결정된 것이나 마찬가지다. 일대일로는 결국 원대했던 초기 계획을 실현하지 못한 채 역사 속으로 사라질 위기에 처했다. 중국은 꺼져 가는 불씨를 살리고자 여전히 일대일로에 추가로 참여할 나라들을 찾고 있지만, 미국이 쥐고 흔드는 글로벌 제조 공급망과 금융망에서 제외될 리스크를 감수할 나라는 많지 않다.

좌초한 중국 제조 2025

2019년 4월 중국 베이징에서 열린 일대일로 정상 포럼에서 한 시진핑 주석의 개막 연설은 미국을 향한 항복 선언이 아닐까 하는 느낌이 들 정도였다. 당시 시 주석은 개막 연설에서 6개항 약속을 발표했는데, 이는 모두 미국이 요구해 온 것이었기 때문이었다.

시 주석은 중국산 제품 수출에 유리하도록 위안화를 인위적으로 평가 절하하지 않을 것이며, 의도적 무역 흑자를 추구하는 대신 다른 나라의 농산물과 서비스를 더 많이 수입해 무역 수지 균형을 이루겠다고 약속했다. 또 지식 재산권을 보호하고 중국 진출 기업에 대해 기술 이전을 강요하지 않겠다고 약속했고, 100퍼센트 외국인 지분 회사도 허용하는 등 중국 시장을 더 많이 개방하겠다고 선언했다. 녹색 성장을 통해 환경을 생각하는 지속 가능한 발전을 이루겠다고 했고, 일대일로가 배타적 모임이 아니라고 강조하면서 참여국들의 상호 이익과 세계 전체를 이롭게 하는 방향으로 운영하겠다고 했다. 실제 중국 정부의 실행 의지와는 별개로 시 주석의 약속 내용만 보면 모두 미국 정부가 요구해 온 사항들을 충실히 따른 것이었다.

일대일로 포럼은 애초 일대일로와 중국 제조 2025를 통한 중국몽의 청사진을 과시하기 위한 자리로 예상됐다. 그런 상징적 자리에서 미국의 요구를 모두 수용한 개막 연설은 시진핑에게는 굴욕적일 수밖에 없는 장면이었다. 이는 일대일로와 마찬가지로 치명타를 입고 제동이 걸린 중국 제조 2025 프로젝트 역시 더는 지속하기 어렵다는 점을 인정한 것으로 받아들여졌다.

미국 행정부는 심지어 중국이 이미 2018년에 중국 제조 2025를 포기했다고 선언하기도 했다. 트럼프 대통령은 2018년 11월, 대선 중간선거가 끝나고 한 기자 회견에서 자신이 중국 측에 "중국 제조 2025가 매우 모욕적"이라고 지적했기 때문에 중국이 중국 제조 2025를 폐기했다고 주장했다.[12] 트럼프 대통령은 "중국 제조 2025는 중국이 2025년에 세계 경제를 지배한다는 것을 의미하므로, 나는 '그런 일이 일어나지 않을 것'이라고 (중국 측에) 말했다"고 전했다.

애초부터 미국이 시작한 무역 전쟁의 첫 번째 구체적 타격 목표는 중국 제조 2025였다. 중국이 2025년에 미국을 꺾고 세계 최대 첨단 제조국이 된다고 공언하는 것은 미국에게는 선전 포고나 마찬가지였다. 미국 정부 입장에서는 첨단 제조업을 둘러싼 경쟁이 단순히 산업적 측면이 아니라 세계 패권의 문제이며 국가 안보의 문제였기 때문이다. 따라서 무역 전쟁의 본질은 처음부터 패권 전쟁이었다.

중국의 여론 영향에 사로잡힌 한국에서는 무역 전쟁 초기에 미중간 관세 부과 경쟁이 장기화하면 미국이 타격을 입을 것이라는 분석이 나돌기도 했다. 이는 중국의 시각을 반영한 것이다. 그러나 현실은 그렇지 않다. 미국의 전략은 더 장기적이고 무서울 만큼 냉철하고 집요하다.

이미 시작된 글로벌 제조 공급망 재편

미국은 무역 전쟁이라는 '디코이(decoy, 유인용 미끼)'를 통해 단순히 중국 죽이기를 넘어 글로벌 제조 공급망의 재편을 추진 중이다. 중국의 기세를 꺾는 것을 넘어, 미국이 다시 새로운 한 세기를 지배할 생태계를 구축하려는 작업이다. 특히 4차 산업을 비롯한 핵심 첨단 제조 네트워크에서 일본, 대만, 한국 등의 협조를 얻어 중국을 철저히 밀어내려는 계획이 이미 실행 중이다.

미국은 이런 원칙과 방향 아래 중국 봉쇄를 목표로 하는 아시아권 중심의 친미 경제 블록도 만들기로 했다. 이른바 '경제 번영 네트워크(EPN)'다. 이 블록을 통해 중국에 의존하는 글로벌 제조 공급망을 재편함으로써 중국을 개혁 개방 이전의 고립 경제로 되돌리겠다는 것이다.

미국은 이 반중 경제 블록에 한국의 참여를 요청하고 있다. 혈맹으로서 미국과 중국 사이에서 확실한 태도를 보이라는 요구를 더욱 강화할 게 분명하다.

그러나 미국의 요구가 없더라도 한국은 중국 없는 세계 경제 네트워크에 미리 대비해야 한다. 글로벌 제조 공급망에서 중국이 배제될 가능성이 조금이라도 있다면 사전에 대책을 마련해야 만일의 낭패를 막을 수 있다. 수출선을 미국의 동맹국들 쪽으로 옮길 준비가 내부적으로 돼 있어야 한다.

사실 이런 결정은 미국과 중국 간에 한쪽을 '선택'해야 하는 문제도 아니다. 우리가 까맣게 잊고 있을 뿐, 애초에 한국이 중국과 수교하고 무역을 시작한 것은 미국이 중국을 글로벌 자유무역 경제 체제 안에 끌어들인 데 따른 부수적 결과였기 때문이다.

미국이 주도하는 세계 제조 공급 네트워크에서 중국은 결국 배제되고 '메이드 인 차이나'의 시대는 끝날 것으로 보는 전망이 힘을 얻기 시작했다. 미국이 단순히 엄포용으로 이런 일을 벌이는 게 아니라는 점이 갈수록 분명해지고 있다. 이는 미국에게 중국의 전략적 가치 효용이 '소련 죽이기'를 완료하면서 함께 사라졌고, 닉슨이 탄식했듯 중국을 세계 자유무역 체제에 넣어 준 실험이 중국의 '배신'으로 실패로 끝나자 벌어지는 일들이다. 중국은 자신을 2인자로 끌어 준 1인자에 칼을 겨눴고, 이런 음모를 너무 눈에 보이게 추진하면서 스스로 화를 불렀다. 그래서 미국은 겁주기나 협상용이 아닌 실제 제거 작업에 착수했으며, 절대 후퇴는 없을 것이란 의지를 내보였다.

과거 역사는 미래의 거울이다. 미국은 건국 이후 단 한 차례도 배신자를 응징하지 않은 적이 없다. 미국을 비롯한 서방 세계의 도움 속에 아시아 맹주에 이어 사실상 세계 2인자 자리에 올랐던 일본이 진주만 공습으로 미국의 뒤통수를 치자 미국의 응답은 일본 주요 도시를 상대로 한 무차별 폭격과 원자폭탄 투하였고, 일본은 경악과 두려움 속에 미국의 공세 초기에 일찌감치 백기를 들었다. 강대국 청과 러시아마저 잇달아 제압했던 당대의 초강국 일본이었지만, 불개입주의를 고수하던 미국을 건드린 대가는 참혹했다. 타격을 입고 패하는 것에서 끝난 게 아니라 인류사에서 유례없는 공포에 떨어야 했다.

미, 동맹국들에 "누구 편이냐?"

중국 제조 2025는 이미 실패한 계획이라는 분석이 기정사실로 굳어지고 있다. 무역 전쟁을 포함한 미중 간 경제 대전의 승자는 미국이 될 것이라는 예측도 마찬가지다.

사실 이런 예상은 경제 문외한이라도 몇 가지 팩트만 보면 알 수 있다.

양자 무역 관계에서, 수입을 더 많이 하는 나라가 수출을 더 많이 하는 국가와 무역 전쟁을 벌이면 누가 유리할까? 굳이 대답이 필요할까?

2019년 기준 중국의 대미 수출액(4,186억 달러)은 미국의 대중 수출액(1,232억 달러)의 4배 가까이나 된다.[13] 또 미국이 중국 제품들에 부과하는 추가 관세에 대한 보복으로 중국이 관세를 올린 미국 제품은 주로 자동차 부품, 석유, 첨단 부품, 그리고 콩을 비롯한 농산물에 부과하는 것이다. 쉽게 말해 미국은 조금 저렴하긴 하지만 없어도 당장 생존에 지장 없는 중국산 제품들의 관세를 올린 것이다. 이런 상품들은 얼마든지 다른 나라 제품들로 대체할 수 있다. 따라서 중국은 무역 전쟁이 오래갈수록 오히려 세계 시장을 잃고 베트남, 인도 같은 신흥 경쟁국만 키워 주는 자충수에 걸리게 된다. '중국 없는 세계 무역'이 가능하다는 인식만 굳혀 줄 뿐이다.

이는 미국이 추진 중인 글로벌 제조 공급망 재편과도 연결된다. 세계 제조 네트워크에서 중국이 스스로 소외되는 결과를 낳을 수 있다는 것이다.

게다가 중국 내 수요가 클 뿐 아니라 모자라면 당장 인민을 먹여 살리는 데 지장을 주는 콩 같은 필수품 수입이 급감하거나 가격이 오르면, 시장 교란을 넘어 민심 이반까지 일어날 수 있다. 콩은 중국 요리에 필수적인 식용유와 두부의 원료이면서, 무엇보다 필수 식재료인 돼지를 사육하는 데 쓰인다. 역사 속에서 국민을 제대로 먹이지 못한 왕조나 정권이 길게 존속한 적은 없다는 진실을 기억해야 한다.

무역 전쟁에서 가장 중요한 건 다른 선택권 또는 대체품이 있느냐 없느냐의 문제다. 미국은 선택할 옵션이 충분하고, 애석하게도 중국엔 다른 선택지가 없다. '트럼프 컨트리(Trump Country)'라 불리는 트럼프 대통령의 표밭, 즉 미 중남부 곡창 지대에서 생산하는 콩 구매를 중국이 중지한 것은 패착이었다.

위안화 평가 절하나 미국 국채 매각을 통한 대응이 가능하다는 주장도 있지만, 역시 현실적인 옵션은 못 된다. 위안화 절하는 중국이 가장 두려워하는 미국의 공격 옵션 중 하나인 '환율 조작국 지정'을 야기할 수 있다. 호미로 막을 것을 가래로도 못 막는 악수가 된다. 외국 자본의 중국 엑소더스가 가속화하는 것도 문제다. 미 국채 매각 카드는 글로벌 금융 교란을 불러 중국도 타격을 볼 수 있으며, 장기적 관점에서 중국이 이기기 어려운 금융 전면전에 직면할 우려가 있다.

미국과 같은 최고 시장을 잃은 반제품 수출국이 살아날 길이 있을까? 그래서 중국은 유럽 시장으로 눈길을 돌리고 있는데, 구매력이 있는 서유럽 국가는 모두 미국의 동맹국들이란 점을 잊지 말아야 한다. 미국은 이미 유럽과 미주, 아시아에 포진한 동맹국들을 향해 중국과의 관계를 새롭게 정립할 것을 꾸준히 주문해 왔다. 미국이 중국과의 무역 전쟁을 시작하던 2018년 초에 필자가 만난 워싱턴 조야 인사들은 대부분 트럼프 대통령이 중국 공산당 정권을 신뢰하지 않는다고 전했다. 그 연장선에서 미국 정부는 "중국을 견제하는 미국의 주요 정책에 협력하지 않고 중국 편에 서는 나라들도 중국과 동급으로 치부할 수 있다"는 입장을 여러 차례 밝힌 바 있다. 줄 잘못 섰다간 경제 제재를 포함한 여러 위기를 맞을 수 있다는 경고다.

미국은 EU와 영국에도 무역 압력을 넣고 있는데, 이들 서유럽 국가는 적어도 중국과의 무역 전쟁 승리를 겨냥한 미국의 요구를 장기적으로 대부분 들어줄 가능성이 크다는 게 서방 전문가들의 분석이다. 대중국 무역과 관련한 미국 요구를 들어주면서 자국과 직접 연관된 부분에서는 실리를 취할 것이라는 뜻이다. 이처럼 간접적 이익을 내주고 직접적 이익을 보호하는 전술은 사실 매우 기본적인 협상의 원리다.

G7 중 유일하게 일대일로에 참여 중인 이탈리아가 관건이지만, 국내 좌우 세력 간 균형이 어느 정도 맞춰진 만큼 미국 편에 다시 확실히 설 것이란 전망이 많다. 이탈리아는 유럽 선진국 중 가장 금융

망이 불안정한 나라에 속한다는 약점도 있다.

　이미 미국은 동맹국들을 향해 '우리 편이냐, 중국 편이냐'를 확실히 하라고 요구했다. 냉엄한 국제 외교에서 어정쩡한 중간은 없다. 그런 게 있다고 생각한다면 착각이며, 자국민의 생존을 위험하게 만드는 인식이다.

　미국은 글로벌 무역 주도권은 물론 기축 통화까지 보유하고 세계 금융을 좌우하는 나라다. 그에 비해, 미국의 도움에 힘입어 교역 국가로 변신한 중국은 저가 전략과 반제품 대량 수출로 세계 시장 점유율을 끌어올린 나라일 뿐이다. 중국 경제는 규모만 큰 하청 공장처럼 덩치는 크나 체질은 여전히 허약하다. 미국의 관세 폭탄은 중국에 자본이나 설비를 투자한 외국인들을 떠나게 하는 효과도 거뒀다. 글로벌 기업과 투자자들이 베트남, 인도 등으로 생산 기지와 투자처를 옮기고 있다. 이 대목 역시 글로벌 제조 공급망 재편과 관계가 있다.

　트럼프 행정부는 중국의 아킬레스건인 보조금 지급 관행에도 화살을 겨눈 상태다. 중국의 중앙과 지방 정부는 기업과 농가에 수백억 달러 수준의 보조금을 지급하는 것으로 서방 선진국은 추산한다. 사회주의 경제의 오랜 관행이어서 사실 고치기 어려운 약점이다. 그러나 글로벌 자유무역 질서에서는 당연히 허용되지 않는 부분이어서 미국이 개선 요구를 거두지 않을 것이다.

　미국 정부는 이미 중국이 굴복할 때까지 장기전을 치를 것임을 예고했다. 래리 커들로 백악관 국가경제위원장은 2019년 9월 백악관에서 기자들과 만나, 미국이 소련과 장기 협상을 했던 역사를 거론하며 "중국과의 무역 협상이 수년 세월이 걸릴 수 있다"고 전망한 바 있다.[14]

중국 공산당 정부가 미국을 상대로 큰소리를 치는 것은 오랜 우민화 정책과 언론 통제로 판단 능력을 상실한 인민을 겨냥한 것이다. 국내용 정치일 뿐이라는 뜻이다. 미국을 겁박하는 시진핑 정권의 목소리가 커질수록 오히려 두려움이 더 커지고 있다는 방증일 수 있다.

미국은 경제 전쟁에서 확실한 승리를 자신하고 있다. 백악관은 중국이 미국보다 훨씬 큰 타격을 입고 있다는 견해를 여러 차례 공개적으로 밝힌 바 있다.

중국의 2019년 GDP 성장률은 무역 전쟁 여파로 29년 만에 가장 낮은 6.1퍼센트를 기록했다. 워싱턴은 중국이 내놓은 이 수치조차 부풀려진 것으로 본다. 대외 의존도가 큰데도 투명하지 않고 체질도 허약한 중국 경제는 미국의 무역 공세와 금융 공격 등이 계속되면 세계 시장과 분리되면서 붕괴하는 수순을 밟을 가능성이 매우 크다. 주요 선진국들을 비롯한 많은 나라가 이런 중국 경제 붕괴 시나리오에 대비해 움직이기 시작했음을 우리도 직시해야 한다.

덩치 큰 중국 경제가 쓰러지면 세계 경제 전체에 미칠 파장은 상상을 넘어설 것이다. 특히 중국 무역 의존도가 큰 우리는 정부는 물론 기업과 개인도 이런 사태를 사전에 대비해야만 충격과 피해를 줄일 수 있다.

'시범 케이스' 화웨이

미국이 중국 죽이기에 나선 이유로 중국의 '배신'과 '세계 패권 도전'을 들었다. 특히 4차 산업 시대를 이끌 첨단 기술력은 세계 패권 다툼의 요체다.

역사 속에서 패권은 언제나 기술력이 앞선 나라가 거머쥐었다. 칼만 들고 전쟁에 나온 나라가 칼에 더해 화살까지 쏘는 나라에 이길 수 없는 건 상식이다.

미국이 중국과 무역 협상에서 "중국 정부가 미국 기업과 대학의 지식 재산권을 절취하고 중국 내 미국 기업에 기술 이전을 강요하는 행위를 즉각 중단하라"는 요구를 공식으로 포함한 것도 이런 배경에서 나왔다.

필자는 2018년 4월 업계 및 미국 의회 관계자들로부터 미 의회가 중국 첨단 기업들의 미국 내 투자를 제한하는 입법을 초당적이고 확정적으로 추진한다는 정보를 입수해 국내에 전한 적 있다. 중국 제조 2025가 미국 안보를 심각하게 위협한다는 공감 아래 외국인투자 심의위원회(CFIUS)의 규제 권한을 강화하고 대상과 범위도 대폭 넓히는 내용의 '외국인투자 위험조사 현대화법(FIRRMA)' 입법이었다. '특별 관심 국가'의 자본이 미국 첨단 산업에 침투하는 것을 막는다는 것이 법안의 요지인데, 특별 관심 국가란 사실상 중국이다. 세계 무역 정세에 막대한 영향을 주는 법안이므로 국내에도 상당한 파문이 일 것이 당연했지만, 아쉽게도 한국에서는 미래 예측에 도움 되는 이 정보를 심각하게 받아들이지 못했다.

FIRRMA 법안은 이후 원안의 핵심 조항을 그대로 유지한 채 의회를 통과해 법제화됐고, CFIUS는 중국의 기술 탈취와 첨단 산업 침투를 막는 최전선에 섰다. CFIUS는 이처럼 권한이 강화되기 전에도 중국과 연계설이 제기된 반도체 기업 브로드컴의 퀄컴 인수와 중국 알리바바 자회사의 미국 송금 회사 머니그램 인수를 좌절시킨 적이 있다.

"중 선도 기업 쓰러질 때까지 공격"

이러한 미중 간 기술 패권 쟁탈전의 상징으로 떠오른 기업이 있다. 바로 중국 제조 2025의 대표 기업이자 '기술 굴기'를 선도해 온 화웨이(華爲, HUAWEI)다.

화웨이는 세계 최대 통신장비업체로 떠오른 중국의 자랑이다. 스마트폰 제조 분야에서도 세계 2위로 한국 스마트폰 산업을 위협하는 존재다. 그런데 이 화웨이가 미국의 집중 공격 대상이 돼 창사 이후 최대 위기에 직면했다.

화웨이는 서류상으로는 백 퍼센트 민간 기업이다. 하지만 미국과 서방 정보기관은 화웨이를 일반 민간 기업이 아니라 중국 공산당 정부를 대리하는 기관으로 본다. 일반 기업처럼 위장한 것일 뿐 핵심 인력은 중국 인민해방군 소속으로 파악한다. 실제로 화웨이 창업주 런정페이(任正非)는 인민해방군 기술 장교 출신이며, 쑨야팡(孫亞芳) 이사장은 중국 국가안전부(MSS)에서 일했던 인물로 알려졌다.

사실 중국 기업이 공산당 영향 아래 있을 것으로 보는 시각은 이미 새로운 게 아니다. 미 하원 정보위원회는 2012년 10월 발간한 화웨이와 ZTE(중싱통신中興通訊) 관련 보고서에서 화웨이가 중국 정부 통제 아래 있다고 일찌감치 지적했다.[15] 보고서는 화웨이가 중국 공산당의 지령에 따라 미국을 위시한 서방 선진국의 기술을 기술과 지식 재산권을 훔치고, 심지어 적성국과 부적절한 거래를 하는 기업으로 규정했다. 2019년 7월에 영국 싱크 탱크 헨리 잭슨 소사이어티는 크리스토퍼 볼딩 베트남 풀브라이트 대학 교수가 주도한 연구를 통해 화웨이 직원 중 상당한 비율이 인민해방군이나 국가안전부에 이중으로 소속됐거나 이들 기관과 관련된 업무를 수행했다는 조사 결과를 언론을 통해 공개했다.[16] 같은 해 9월 미국 경제 통신사 블룸버그 역시 탐사 보도를 통해 화웨이 직원들이 10년 넘게 중국 인민해방군과 연구를 공동 수행했다고 폭로했다.[17] 한때 트럼프 대통령의 복심으로 불렸던 스티븐 배넌 전 백악관 수석전략가는 비슷한 시기 미국 반중 매체 〈에포크 타임스〉와 인터뷰에서 화웨이가 중국 공산당에는 사실상 기술 분야에서 오른팔이라고 폭로했다. 화웨이는 인민군과 정보기관에 연결됐다는 의혹을 오래전부터 여러 차례 공식 부인했지만, 미국은 이제 더는 속지 않겠다는 반응이다.

이처럼 미국의 화웨이 때리기는 트럼프 정부 들어 즉흥적이고 감정적으로 결정됐거나 정치적으로 이뤄진 게 아니다. 앞서 설명한 것처럼 미국은 대통령 한 사람이 주요 정책 방향을 결정하는 나라가 아니라 거대한 시스템에 의해 움직인다. 미국은 여야 정파를 가릴 것 없이 초당적으로 화웨이를 '직면한 안보 위협'으로 지목하고 전면적인 제거 작전에 나섰다. 물론 중국이 강력하게 저항하겠지만, 시간이 흐를수록 전황은 화웨이를 비롯한 중국 첨단 기업들에 불리하게 흐를 가능성이 매우 크다.

화웨이가 이처럼 미국의 중국 선도 기업 때리기의 상징적 표적이 된 구체적 이유는, 화웨이가 세계 최대 통신장비업체로서 5세대(5G) 이동통신 분야를 이미 선도하는 기업이라는 점이다.

미국이 오바마 정부 시절 주춤하는 사이에 중국이 5G 분야에서 미국을 따돌리며 앞서 나가는 모습을 보였는데, 이를 깨달은 미국의 초조함은 겉으로 드러날 정도로 강하다.

5G는 기술 패권을 좌우할 핵심 기술 중 하나로 군사 패권과도 직결되고, 사물 인터넷(IoT), 인공 지능(AI) 등의 기반이 되는 4차 산업 혁명 시대의 총아다. 중국 제조 2025의 핵심 산업이기도 하다. 중국 인민군과 정보기관이 배후에 있다고 지목되는 화웨이가 세계 5G 네트워크를 장악한다면 미국에는 그야말로 재앙이 되는 셈이다. 미국은 이런 일이 현실화한다면 모든 정보가 중국으로 유출될 것으로 본다. 정보망을 통째로 중국에 내준다는 뜻이다. 현대전에서 가장 중요

한 정보전에서 싸워 보지도 못하고 지는 결과를 낳을 수 있다.

아울러 5G 기술은 첨단 무기 체계 운용에서도 핵심 중 하나다. 핵미사일, 항공모함, 잠수함, 첨단 전투기 등에도 응용되는 5G 기술을 미국이 장악하지 못하고 중국에 내준다면 이는 전쟁에서의 완전한 패배를 의미한다.

미국이 화웨이를 고사시키려고 총력전을 펴는 이유가 이제 보이지 않는가? 경마식 언론 보도만 보면 '도대체 미국은 왜 저렇게까지 하나?' 하고 의문을 가졌을지 모른다. 다시 말하지만 첨단 기술 패권은 세계 패권과 동의어다. 5G 분야에서 화웨이의 기술력은 이미 세계 최고 수준이다. 미국으로서는 마음이 급하지 않을 수 없다. 화웨이가 5G 시장에서 비상하는 것을 더는 방치할 수 없는 상태에 온 것이다. 단순히 이를 저지하는 것을 넘어 다시는 재기하지 못하도록 싹을 밟아 놓겠다는 의지가 역력하다.

미국은 2019년 6월 트럼프 대통령이 안보 위협을 이유로 '화웨이 사용 제한' 행정명령을 내렸다. 이에 따라 미 상무부는 화웨이와 그 계열사들이 미국 기업과 거래를 사실상 할 수 없게 했다. 구글, 인텔, 퀄컴, 오라클, 브로드컴, 마이크론 등 세계 첨단 기술을 주도하는 미국 기업들이 화웨이와 거래를 끊었다. 구글, 퀄컴과 같은 글로벌 기업의 시스템, 소프트웨어, 부품을 쓰지 않고는 4차 산업 혁명 선도는 커녕 생존 자체가 어려운 게 사실이다.

특히 미국 검찰이 2019년 초 캐나다의 협조를 얻어 '화웨이의 공주’로 불리는 멍완저우(孟晩舟) 부회장을 기소하고 연금한 것은 상징적인 조치였다. 미국의 단호한 기세에 화웨이는 물론 중국 정부도 큰 충격을 받았다. 멍완저우는 런정페이 창업주의 딸이자 최고 재무 책임자(CFO)로, 화웨이의 미래로 인식되는 핵심 중 핵심 인사다. 멍완저우는 미국의 제재 대상인 이란과 거래하면서 금융 사기까지 저질렀다는 혐의로 캐나다에서 체포돼 구금됐다.

미 검찰은 2020년 2월 대북 제재 위반을 비롯한 16개 혐의로 화웨이를 기소하면서 멍완저우도 재차 기소 대상에 포함했다. 화웨이가 미국 기업의 기술과 영업 기밀을 빼돌렸으며 미국 당국을 속인 채 북한, 이란 등 제재 대상과 거래했다는 혐의 등이 적용됐다.

미국 수사 당국과 정보기관은 화웨이와 소속 직원들의 기술 절도 혐의도 조사 중이다. 시스코의 라우터 소프트웨어 복제, 모토로라의 무선 네트워크 장비 관련 기술 절취, 퀸텔 테크놀로지의 네트워크 안테나 기술 복제, T 모바일의 스마트폰 테스트 로봇 기술 절도 등 혐의다.

미 국방부는 군사 기밀 보호를 이유로 군인들의 화웨이 휴대 전화 구매 금지령을 내렸다. 미국 통신 회사들은 화웨이 전화를 연결하면 보조금을 받지 못한다.

워싱턴 정가도 여야 구분 없이 합심해 화웨이를 때리는 중이다. 미국의 기술 패권을 위협할 뿐 아니라 북한을 비롯한 미국의 적성국(enemies)을 화웨이가 실제로 돕고 있다고 보기 때문이다. 화웨이가 중국 국영 기업과 함께 북한의 상업 무선통신망 구축·유지를 지원했다는 사실이 2019년 7월 미국 정부 문서를 통해 드러나기도 했다.[18] 북한 이동통신업체 '고려링크'에 통신 장비를 수출했고 각종 네트워크 통합 프로젝트에도 참여했다는 내용이었다. 그러자 공화당의 톰 코튼, 민주당 크리스 밴 홀런 상원의원은 공동 성명을 내고 화웨이와 북한의 연계 가능성을 기정사실로 받아들이며 화웨이를 더 강력히 규제해야 한다고 요구했다.

미국 연방 통신위원회(FCC)는 이미 2019년부터 화웨이를 비롯한 중국산 통신 장비를 완전히 퇴출하기 위한 작업에 착수했다. 연방 정부 예산을 투입해 이들 중국 장비를 전면 교체하겠다는 계획이다. 혈세를 쓰고 손해를 봐서라도 이루겠다는 의지는 화웨이 퇴출이 경제 논리가 아닌 안보 논리에 의한 것임을 입증한다.

미국 의회는 2020년 2월 말 연방 자금으로 화웨이 장비를 구매하지 못하게 하는 법안까지 통과시키는 등 고사 작전에 더욱 박차를 가하는 중이다. 미국 국무부는 2020년 7월 화웨이를 비롯한 중국 기술 기업이 인권 탄압에 관여했다는 이유를 들며 직원들의 비자를 제한했다.

미국 대학과 연구소들도 화웨이 배제를 시작했다. 버클리 캘리포니아대(UC 버클리)는 화웨이와 안보와 무관한 주제를 제외한 공동 연구를 중단하고 펀딩도 받지 않는다. 영국 옥스퍼드대도 이런 움직임에 동참했다.

화웨이 고사 작전에 동맹국까지 규합

미국은 동맹국들과도 화웨이 고사를 위해 연합 전선을 펴고 있다. 화웨이는 그야말로 초나라 항우처럼 사면초가 형국이다.

세계 금융의 큰손인 스탠다드차타드(SC), HSBC 등 주요 글로벌 은행들도 화웨이를 상대로 한 금융 서비스를 제한했다.

2019년 워싱턴의 화웨이 거래 금지 조치가 나온 뒤 미국 동맹국의 주요 기업들도 일제히 화웨이와 거래를 끊었다. 영국에 본사를 둔 반도체 설계 및 라이선스업체 ARM을 위시해 일본, 독일, 대만 등의 주요 기업들이 줄줄이 화웨이를 외면했다. 서방 주요 국가들의 통신 회사들인 일본 소프트뱅크와 영국 통신 그룹 BT, 호주와 뉴질랜드 통신 회사들은 화웨이 통신 장비를 교체하거나 5G 장비를 도입하지 않기로 했다고 발표했다.

특히 ARM의 거래 중단 조치는 의미가 컸다. 개인용 컴퓨터(PC)와 랩톱 구동에 인텔 CPU(중앙 처리 장치)가 필수적인 것으로 여겨지듯, 모바일 기기는 AP(애플리케이션 프로세서)를 통해 구동된다. 이 AP 설계 핵심 기술을 사실상 독점한 회사가 바로 ARM이다. 5G 네트워크와 사물 인터넷, 자율 주행 기술 등을 선도하려면 경쟁 업체와는 비교할 수 없을 만큼 저전력·고효율을 자랑하는 ARM의 AP가 필수적이다. ARM이 없다면 세계 5G망을 장악하려는 중국의 야심은 헛된 꿈으로 끝날 수밖에 없다. ARM, 인텔, 퀄컴 등이 거래를 중단한 이후 화웨이는 순수 국산 부품과 OS(운용 체계), 제재에 동참하지 않는 업체들의 부품과 시스템을 써 스마트폰과 통신 장비를 만들고 있다.

　미국은 5G를 위시한 핵심 분야만큼은 화웨이 장비를 원천 배제하려는 방침이 확고하다. 특히 동맹국들이 통신 인프라에 화웨이 제품을 사용할 경우 미국의 안보 정보를 공유하지 않겠다는 방침을 내세우며 압박하고 있다. 마이크 폼페이오 미 국무부장관은 동맹국 카운터파트와 만나 이런 방침을 여러 차례 주지한 바 있다. 트럼프 대통령도 영어권 5개국 기밀 정보 동맹체인 '파이브 아이스(Five Eyes)'의 일원인 영국이 미온적 움직임을 보인 데 대해 보리스 존슨 영국 총리에 강한 불만을 전달했다고 한다. 국회와 정치권에 따르면 미국은 혈맹인 한국에 대해서도 화웨이 장비가 한미 동맹과 안보를 저해한다는 방침을 전했다고 한다.

　그러자 반도체 비핵심 분야에서 제재에 미온적이었던 영국도 결국 미국의 뒤를 따르기로 했다. 영국은 2020년 7월 자국 내 5G 네트워크 프로젝트에서 화웨이를 퇴출한다고 공식 발표했다.

　미국은 다른 동맹국들에 요구했듯 한국에도 화웨이 장비를 쓰지 않고 주요 첨단 부품을 화웨이에 공급하지 않는 '고사 작전'에 참여하라는 요구를 계속 강화할 것이다. 반대로 중국 역시 화웨이 문제와 관련해 한국을 자기 편으로 끌어들이려 하고 있다. 결국 이 문제는 단순한 경제 문제가 아니라 미중 충돌의 핵심 사안이며 정치적 문제임을 인식해야 한다. 이는 투자자나 기업들의 투자 판단에도 적용될 명제다. 장기적 관점과 원칙적 차원에서 혈맹의 이런 요구에 어떻게

응하는 것이 현명한 것인지 냉정하게 판단해야 한다.

미국은 앞으로 한국 정부와 기업에 대해 화웨이 통신 장비 수입 금지와 함께 화웨이에 대한 부품 수출도 제한하라고 요구할 가능성이 크다. 일찌감치 이를 대비하고 미국과 서방 진영 편에 서지 않으면 산업계는 물론 경제 전체에 큰 충격파를 맞을 수 있다. 대만 반도체 업체 TSMC는 2020년 7월에 화웨이와 거래 중단을 공식으로 발표했다.

폼페이오 미 국무장관은 2019년 12월 미 정치 전문지 〈폴리티코〉 기고문에서 동맹국들이 화웨이와 거래나 협력을 중단하라고 거듭 요청하면서 삼성전자와 유럽 통신장비업체들을 좋은 대안으로 거론했다. 폼페이오 장관은 또 2020년 5월 발표한 '5G 클린 패스(Clean Path) 구상'을 통해 화웨이 등 중국 업체들의 5G 통신 장비를 글로벌 공급망에서 배제할 것임을 천명했다.

이와 비슷한 시기에 미국 정부는 국내에서 생산한 반도체를 화웨이로 수출하지 못하도록 한 규제를 한층 더 강화해, 미국의 기술을 활용하는 외국 기업도 화웨이에 특정 반도체를 공급할 때 미국의 허가를 받도록 했다. 화웨이 제품에 핵심 반도체 기술이 적용되지 못하도록 원천 봉쇄하는 조치다.

위기에 처한 화웨이와 중국 정부는 주변국인 한국 및 동남아 국가들과 일대일로 참여국들에 중국산 5G 장비를 사라고 압력을 계속 넣고 있다. 중국 시진핑 정부는 미국의 이런 압박에 굴복하지 않겠다는 '국내용 엄포'도 여러 차례 놓았으나, 실상은 암울하다. 화웨이는 실제로 조금씩 무너지고 있다. IT 시장 분석업체 캐널리스는 2019년 4분기 화웨이 스마트폰 출하량이 2년 만에 처음으로 감소하면서 삼성전자, 애플에 이어 3위로 밀렸다고 발표했다.

2020년 초부터 중국 후베이(湖北)성 우한(武漢)발로 퍼진 코로나 19 바이러스는 휘청거리는 화웨이에 더 큰 충격을 줬다. 중국 관영 연구소들에 따르면 코로나 19가 중국 내에서 무섭게 퍼지던 2020년 2월 중국 내 스마트폰 출하량이 지난해 같은 달보다 무려 50퍼센트 넘게 줄었다고 한다. 이미 1월에도 전년 대비 40퍼센트 가까이 감소한 터였다. 이를 놓고 중국 언론은 국내 시장에서 압도적 점유율을 자랑해온 화웨이가 직격탄을 맞았을 것으로 분석했다.

방역 전문가들 사이에서는 중국을 비롯한 동아시아에서 코로나 19 사태가 계속 확산하고 연말까지도 계속될 것으로 전망하는 의견이 많다. 화웨이는 거래 제한으로 미국을 위시한 서방 국가 수출길이 험해지면서 내수에 주력했는데 이마저 역병으로 큰 타격을 입은 것이다.

화웨이 때리기, 한국엔 기회

중국 제조 2025의 상징적 기업이자 세계 최대 통신장비업체인 화웨이는 이제 미국과 서방 선진국들이 주도하는 세계 제조 공급망과 배급망에서 제외될 수밖에 없다는 분석이 점점 사실로 드러나고 있다. 미국은 화웨이 5G 장비를 계속 사용하거나 화훼이와 협력 관계를 이어간다면 미국이 주도하는 세계 경제 질서에서 소외될 것임을 분명히 경고했다. 우리 관련 업계와 금융 투자자들이 반드시 관심을 갖고 지켜봐야 할 부분이다. 화웨이와 관계를 계속 이어 가는 나라와 기업들은 장기적으로 위기에 빠질 가능성이 유력하다는 점을 경계해야 한다.

미국이 이른바 '반(反) 화웨이 전선'에 전 세계 동맹국 정부와 기업들이 동참할 것을 계속 촉구하면서 삼성전자를 대항마 중 하나로 언급한 점도 주목할 대목이다. 미국은 채찍과 당근, 즉 경고와 유인책을 함께 내보이며 한국에 분명한 신호를 주고 있다. 미국 정부는 한국이 화웨이를 위시한 중국의 첨단 산업 고사 작전에 협조한다면 삼성전자를 비롯한 한국의 IT 산업을 심지어 보호하고 지원하겠다는 메시지를 노골적으로 발산하고 있다. 미국이 이런 메시지와 함께 '한미 간 신뢰'를 강조하는 이면에 숨겨진 뜻을 국내 당국자들과 업계는 엄중하게 받아들여야 한다.

실제 외견상으로도 미국이 이끄는 화웨이 때리기의 최대 수혜자 중 하나는 삼성전자로 보인다. 캐널리스에 따르면 2018년 화웨이는 스마트폰 시장에서 삼성전자가 기존에 점유한 부분을 가져오면서 선두를 위협했다. 하지만 2019년 들어 미국의 화웨이 견제가 본격화하면서 삼성전자는 21.8퍼센트의 시장 점유율을 기록해 화웨이(17.6%)의 거센 추격을 따돌렸다. 특히 그해 연말로 갈수록 화웨이 점유율은 떨어진 것으로 나타났다.

삼성전자가 2020년 3월 뉴질랜드 최대 이동통신사인 스파크와 5G 통신 장비 공급 계약을 체결한 것 역시 '노 화웨이(No Huawei)'의 반사 이익을 본 것이다. 뉴질랜드는 호주와 함께 미국의 중국 제재에 적극적이다. 삼성이 뉴질랜드 통신 장비 시장에 진출한 것도 처음이다. 삼성전자는 이 계약을 세계 5G 통신 장비 시장에서 교두보를 마련한 계기로 판단하고 앞으로 시장 선점에 박차를 가하고 있다.

이후 캐나다 메이저 이동통신 사업자인 텔러스(Telus)도 5G 이동통신 장비 공급사에서 화웨이를 배제하는 대신 삼성전자를 복수 공급사 중 하나로 선정하는 등, 파이브 아이스 국가를 중심으로 화웨이 대신 삼성을 선택하는 움직임이 확산 중이다.

ZTE 투항은 시진핑의 굴욕

화웨이보다 먼저 시범 케이스로 두들겨 맞고 그로기 상태에 처한 중국 첨단 기업이 있다. 외형상으로 민간 기업인 화웨이와 달리 중국 정부가 운영하는 국영 기업인 중싱통신(ZTE)이다.

ZTE는 국영 기업이지만 2018년 기준 통신장비업체 세계 순위에서 4위를 차지할 만큼 글로벌 기업이며, 통신 장비와 스마트폰 제조를 합쳐 중국 내에서 화웨이 다음으로 큰 통신장비업체다. 무엇보다 5G 사업을 위시한 중국 기술 굴기를 화웨이와 함께 선두에서 이끄는 쌍두마차라는 사실이 중요하다.

미국은 화웨이 때리기에 앞서 2018년부터 ZTE를 고사 상태로 몰아왔다. 그해 4월 미국 상무부는 통신 장비 핵심 부품인 반도체, 스토리지 시스템, 광학 제품 등을 무려 7년간 ZTE에 제공할 수 없도록 규제했다. 겉으로 내세운 이유는 ZTE가 '불량 국가'이자 미국의 적성국인 북한, 이란과 거래했다는 혐의였다. 반도체 시장 조사 기관들은 ZTE 통신 장비에 들어가는 핵심 부품의 3분의 1을 미국에서 조달하는 것으로 파악한다. 바꿔 말하면 미국의 제재가 계속되면 ZTE가 통신 장비 제조 기술을 선도할 수 없다는 것을 뜻한다.

중국 지도부는 당시 미국의 ZTE 제재에 대해 언제나 그래 왔듯 '국내 정치용 엄포'를 거듭했지만, 결국 거액의 과징금을 납부하고 경영진도 대거 교체하며 무릎을 꿇고 용서를 구했다. 이런 반응은 애초 중국 지도부가 큰소리 치며 했던 협박과 달리 워싱턴의 요구를 사실상 모두 그대로 수용한 것이어서 '시진핑의 굴욕', '중국의 수모'라는 평가가 나왔다. 과거 역사에서 오랫동안 중국이 조선을 비롯한 주변국에 오만하게 강요했던 요구와 압력을, 대국을 자처해 온 중국이 역으로 받는 모양새였다. 오랜 시간 무역 후진국이었던 중국은 자신들을 세계 자유무역 질서에 편입해 준 미국을 배신한 대가를 톡톡히 치르는 중이다.

워싱턴은 여전히 ZTE와 화웨이를 한데 묶어 '국가 안보 위협'이라고 공개적으로 지목한다. 윌버 로스 상무부장관은 공개 석상에서 여러 차례 화웨이와 ZTE를 "국가 안보에 해로운" 기업이라고 비판했다.

물론 글로벌 시장에서 다른 나라 기업을 제재하면 자국 산업에도 어느 정도 충격과 고통이 따른다. 그래서 트럼프 행정부는 ZTE에 대한 조건부 제재 완화를 거듭 시도했지만, 오히려 미 의회가 나서 이를 적극적으로 차단하고 나섰다.

가입자 기준으로 세계 이동통신업계 1위인 차이나 모바일 역시 미국의 견제 대상이다. 차이나 모바일도 중국 내 업계 빅3인 차이나 유니콤, 차이나 텔레콤과 함께 자율 주행을 비롯한 5G 기술을 주도하는 업체다. 미국 정부는 2019년에 차이나 모바일을 국가 안보를 위협하는 기업으로 지목하고 미국 통신 시장 진출을 불허했다. 차이나 모바일의 네트워크와 사업이 간첩 활동에 이용될 수 있다는 게 구체적 이유였다.

워싱턴은 이미 미국 시장에 진출한 차이나 유니콤, 차이나 텔레콤에 내준 사업 허가도 취소하는 것을 검토 중이다.

미국 10대들 사이에서 인기를 얻는 중국 소셜 미디어 틱톡(TikTok)도 견제 대상에 올랐다. 미국 육군은 틱톡이 첩보 활동에 쓰일 수 있다고 보고 조사해 왔으며, 연방 정부는 틱톡 사용 금지를 검토 중이다.

국가 안보와 군사 기술의 핵심 요소 중 하나인 통신 분야에서 중국 업체들은 모두 미국의 적으로 규정됐다. 지금까지 고속 성장을 거듭해 온 중국 IT 관련 기업들은 이전과는 차원이 다른 도전과 난관에 부딪혔다. 미국을 만만하게 본 ZTE와 화웨이의 몰락 사례는 그 증거다.

환율 카드까지… 고개 숙인 중국

장기전에 진입한 무역 대전으로 중국 경제는 망가지고 있다. 시진 핑의 중국몽이 허망한 한낮의 꿈으로 전락하는 중이다.

중국을 '불공정 무역 국가', '기술 절도국'으로 공식 규정한 미국 은 가용한 모든 수단을 동원해 피 말리는 압박을 가하고 있다.

특히 기축 통화 보유국인 미국은 전가의 보도인 환율 카드를 생각 보다 빨리 빼 들었다. 일각에선 과거 일본을 괴롭혔던 '플라자 합의' 의 재판 아니냐는 관측까지 나왔다.

미국 재무부는 2019년 8월 중국을 무려 25년 만에 환율 조작국으 로 재지정했다. 위안화 환율이 달러당 7위안을 넘어서는 '포치(破七)' 를 기록하며 심리 마지노선이 무너지자, "중국이 무역 경쟁력을 확보 하려고 고의로 위안화 가치를 낮췄다"고 판단한 것이다.

미국이 이 정도까지는 못할 것이라는 예상도 많았다. 그러나 사실 미국이 중국과 단순한 경제 전쟁을 벌이는 게 아니라는 통찰이 있었 다면 환율 카드는 당연한 수순으로 보는 게 맞았다. 몇 달 뒤 중국을 환율 조작국에서 조건부로 빼 주긴 했지만, 트럼프 행정부의 단호한 전의가 느껴진 사건이었고, 환율 공격은 언제든 가동할 수 있는 카드 임을 중국 지도부에 확고히 인식시켰다.

미국에 의해 환율 조작국으로 지정되면 무역과 금융 시장에 큰 타격을 입는다. 해당국에 과도한 무역 흑자 시정과 환율 개선 등을 요구하고, 그래도 가시적 조치가 없을 경우 해당국에 대한 미국 기업 투자 제한, 해당국 기업의 미 연방 정부 조달 계약 참여 제한, IMF의 감시 강화와 제재 요청 등을 이행한다. 해당 국가를 금융·경제 측면에서 고립시킬 수 있다는 의미다. 세계 금융망과 무역 네트워크 모두 미국이 만들고 운용한다는 사실을 우리는 가끔 잊을 때가 있다.

중국은 무역 국가이고 제조국이며, 교역을 못 하면 경제가 멈춘다. 문제는 중국이 수출하는 제품들 중엔 미국, 일본, 독일 등 서방 선진국 제품처럼 '없으면 안 되는 필수품'이 그동안 별로 없었다는 사실이다. 낮은 임금과 환율 개입 등을 무기로 다른 나라도 만들 수 있는 제품을 싸게 수출하거나 다른 나라 반제품을 수입해 완제품으로 만들어 파는 하청 공장 역할을 한다. 위안화 절상은 가격 경쟁력 상실로 이어져 수출 부진→제조업 불황→경기 침체→GDP 감소→민심 이반으로 도미노 악효과를 낳는다. 이는 중국 공산당 독재 정부 또는 시진핑 정권의 붕괴로 이어질 위험이 있다.

물론 세계 경제 규모 2위인 중국 경제의 침체는 세계 경제 불황으로 이어져 미국 경제와 금융 시장에도 당연히 악영향을 줄 수 있다. 그러나 거듭 설명한 대로 미국의 목표는 근시안적 이득이 아니라 장기적 관점에서의 지속 가능한 생존이다. 미국은 전투에서 몇 차례 져도 전쟁에서 이기는 방식을 항상 선택해 왔다. 외부 도전을 용인하는 것은 거대 제국 아메리카의 몰락으로 이어질 수 있다는 것을 알기 때문이다. 이런 식의 국가 경영 전략은 소탐대실이 습관화한 중진국과 후진국에서는 이해하기 어려울 수 있다. 1등을 하는 사람은 다수 평범한 사람들이 절대 이해하지 못하는 특별한 이유를 갖고 있다.

이런 맥락에서 미국이 2020년 1월 중국이 고개를 숙인 제1 단계 무역 합의 서명을 앞두고 환율 조작국에서 중국을 풀어 준 조치도 오해해서는 안 될 부분이다. 미국은 환율 조작국 지정을 선심 쓰듯 해제하고 아직 일어나지도 않은 추가 관세 부과 계획을 철회하면서 기존 관세를 일부 완화하는 시늉을 하는 대신에, 미국 농산물 수출, 지식 재산권과 첨단 기술 보호 등 국가 안보 차원에서 요구한 주요 사항들을 보장받았다. 상대방을 흠씬 두들겨 패고는 더 때리지 않겠다고 약속해 주는 대가로 원했던 물건들을 넘겨받은 격이다. 중국 입장에선 굴욕적인 1차 항복 문서로 봐도 될 합의였다.

게다가 미국은 중국이 약속을 어기면 환율 조작국 지정과 추가 관세 부과 카드를 다시 꺼내겠다는 경고도 분명히 전달했다. 다시 말해, 조건부이자 시한부일 뿐 환율과 관세 폭탄 카드는 여전히 유효하니 알아서 처신하라는 뜻이었다.

미국과 중국의 정면 대치가 군사 충돌만 뺀 전면전으로 고조되고 있는 만큼, 지금 세계 금융 시장은 어떤 돌발 상황이 일어날지도 모를 국면에 처했다. 금융 경제 정책 담당자들과 시장 관계자들이 주시해야 할 대목이다.

미래 우주·사이버 전장(戰場)의 승자는

중국몽의 양대 핵심 중 하나인 중국 제조 2025가 세계 기술 주도권을 장악하기 위한 것임을 반복해 설명했다. 이는 바꿔 말하면 미국이 보유한 군사 패권을 중국이 빼앗아 오겠다는 원대한 꿈이다.

미중 충돌을 무역 전쟁으로만 보는 단순한 시각에서는 미국이 무역 불균형 상태를 어느 정도 개선하고 원하는 물건을 수출하는 선에서 타협이 가능할 것이란 전망이 가능하다. 이런 내용의 분석이나 언론 보도가 심심찮게 등장했던 이유다. 하지만 인류사에서 군사 패권을 둘러싼 전쟁은 반드시 한쪽이 쓰러져야 끝났다. 양보 없는 치킨 게임 성격을 띨 수밖에 없다. 군사력 우위를 잃는 것은 경제, 무역, 외교 등 모든 면에서 비교 우위를 상실한다는 뜻이기 때문이다.

기술 대전 실질은 군사 패권 경쟁

대제국 로마의 팍스 로마나(Pax Romana)는 압도적인 군사력을 바탕으로 한 것이었고, 역사상 가장 큰 제국이었던 몽골 제국은 적을 속도로 제압하는 기병이라는 첨단 전법을 앞세워 아시아는 물론 유럽 대륙까지 유린했다.

15세기까지만 해도 중국, 몽골, 인도가 가졌던 세계 질서 주도권이 16세기부터 서양으로 넘어간 것은 기술 혁명을 통한 군사력의 획기적 발전을 통해 전쟁에서 승리했기 때문이다. '해가 지지 않는 나라'였던 영제국은 1차 산업 혁명을 기반으로 범접할 수 없는 군사력을 구축해 세계 곳곳에 식민지를 건설했다. 앞서 영국 못지않게 강했던 에스파냐도 무적 함대의 힘 덕분에 세계 곳곳에 식민지를 건설하고 상품을 거래하거나 강매할 수 있었다.

한때 유럽과 아시아 대륙을 각각 양분했던 독일과 일본 역시 최첨단 기술력으로 신무기를 개발해 주변국을 가볍게 제압했다. 2차 대전 당시 독일은 탱크, 로켓, 잠수함 기술에서, 일본은 군함과 전투기 등에서 미국과 맞설 정도의 기술력을 자랑했다. 일본은 당시 항공모함의 시초로 여겨지는 세계 최대 전함을 보유한 나라이기도 했다. 반대로 일본이 강점할 당시 조선은 세계에서 가장 국방력이 처지고 가난한 나라 중 하나였다.

영국의 식민지였다가 18세기 후반 독립한 신생국 미국이 20세기 들어 세계 최대 강국으로 부상한 것도 군사력의 힘이다. 미국은 1·2차 세계 대전 참전을 거치며 실전 운용력을 대폭 제고해 역사상 초유의 군사 강국이 됐다. 미국의 군사력은 러시아, 중국, 일본, 영국, 프랑스를 비롯한 세계 모든 나라의 군사력을 다 합친 것보다 강하다. 미군과 세계 연합군이 맞대결해도 미군이 이긴다는 의미다. 이런 압도적 군사력 덕분에 세계에서 가장 풍요로운 땅인 북아메리카 대륙을 누구도 넘볼 수 없고, 미국이 보유한 세계 패권을 흔들 수 없는 것이다.

이러한 군사력을 유지하고자 미국은 우주 개발, 통신, 전자 등 첨단 분야에서 인재 키우기에 전력을 투입했다. 사실 20세기 이후 대부분의 첨단 기술은 전쟁에서 이기기 위한 군사 기술에서 온 것이며, 이는 대부분 미국이 주도했다. 세계 최초 라디오 방송, 전자레인지, 트랜지스터, 반도체, 컴퓨터, 모뎀, 인터넷은 20세기 미군이 개발한 혁명적 발명품이었다. 21세기 들어서도 미군과 정보 당국은 마이크로 칩, 인터넷, 위성 항법 장치(GPS), 터치스크린, 음성 인식 기술, 신물질 신약 개발을 주도했다. 그런데 중국이 사실상 군사 기술 분야에서 선도국이 되겠다고 선언하고 실제로 5G 분야에서는 미국을 실제로 앞서기 시작했으니, 미국 입장에선 절대 용인 못할 상황을 맞은 것이다.

스타워즈에서 AI 전쟁까지

많은 학자들과 외교 안보 전문가들이 미국의 중국 견제가 시작된 상징적 장면 중 하나로 꼽는 사례가 있다. 2014년 11월 중국 국제 항공우주 박람회(주하이珠海 에어 쇼)에서 중국의 최신예 스텔스 전투기인 '젠(殲)-31'이 등장한 것이다. 미국 백악관과 펜타곤은 경악할 수밖에 없었다. 외양과 기능 등이 미국의 핵심 전략 무기인 F-35 스텔스 폭격기를 통째로 베낀 듯 흡사했기 때문이었다.

당연히 워싱턴에서는 중국의 기술 도용과 탈취 의혹이 제기됐다. 중국이 아무리 '짝퉁 천국'이라 해도 첨단 기술의 총아인 스텔스 전

중국이 자체 개발했다고 선전하며 2012년 공개한 스텔스 전투기 젠(殲)-31은 중국이 미국을 비롯한 서방의 기술을 도둑질하고 있다는 심증을 오히려 굳혀 주었다.

투기까지 자력으로 모방하는 것은 불가능하다고 판단해서다. 실제로 에드워드 스노든 전 국가안보국(NSA) 요원이 폭로한 기밀문서에서 중국이 해킹을 통해 전투기 설계를 비롯한 군사 정보를 대량 수집했다는 사실이 드러났다.

중국 제조 2025는 이런 중국의 '군사 굴기' 야망을 투영하는 창이자 수단이다. 4차 산업 혁명 시대에 승자가 되겠다는 중국의 계획은 하이테크를 활용하는 미래 전쟁에서 이기겠다는 다짐이다.

미래의 전장은 우주와 사이버 영역으로 확장하고, 전투 수단과 무기 체계는 무인 자율화되며, 지휘 통제 체계 역시 지능형 실시간 체제로 바뀐다. 이런 유형의 전쟁에서는 AI와 드론, GPS, 5G 네트워크에서 앞선 나라가 이긴다. 이런 이유로 미국은 이들 산업 분야에서 시작한 싸움을 중국이 무릎 꿇을 때까지 절대 멈추지 않을 것이다. 미국 행정부와 의회는 앞으로 어떤 첨단 기술도 중국으로 들어가지 못하도록 막을 것이란 의지를 계속 표명하고 있으며, 중국의 전략 무기 개발을 저지하고 군사력의 차이를 더욱 벌릴 것임을 다짐했다.

'우주군(Space Force)' 창설 계획은 이런 의지를 가장 잘 보여 주는 사례다. 트럼프 대통령은 2018년 6월, 기존 공군과는 별도로 독립된 우주군 창설을 선언했다. 전쟁의 판도를 완전히 바꾸는 게임 체인저 (game changer)다. 미국 국방부는 대통령의 선언에 따라 2019년 1월 새로운 『미사일 방어 검토 보고서(MDR)』를 발간했고, 3월에는 우주군 창설 관련법을 의회에 제출했으며, 12월 트럼프 대통령의 법안 서명으로 우주군 창설이 실현됐다.

이에 대해 중국 정부는 속내를 들킨 듯 알레르기 반응을 보였다. 중국 관영 언론들도 일제히 미국의 '패권주의'를 비난했다.

우주군은 트럼프 대통령이 롤 모델로 삼은 레이건 전 대통령의 스타워즈 프로젝트를 마침내 현실 세계에 구현한 것으로 볼 수 있다. 우주라는 새로운 전장에서 미국은 보이지 않는 전쟁을 시작했다. 미국의 전체 국방력은 중국과 러시아를 완벽하게 압도하지만, 핵 미사일이라는 비대칭 전력 때문에 최대 위협인 두 나라를 통제하지 못하는 한계를 극복하려는 움직임이다.

우주군에서는 적국을 공격하는 개념도 중요하지만, 우주를 통해 날아오는 ICBM 방어 개념도 중요하다. 2010년 이후 9년 만에 처음 나온 MDR을 자세히 살펴보면 우주군의 향후 역할을 예상할 수 있다.

보고서는 핵 미사일 조기 경보 및 요격 능력 강화를 위해 우주 공간에 미사일 탐지·추적용 센서와 미사일 파괴용 요격기를 배치하라고 권고했다. 대기권으로 진입하는 상승 단계의 미사일을 요격하겠다는 뜻이다. 이 방안이 실현되면 중국과 러시아 등 ICBM 보유국의 핵 전력은 무용지물이 된다. 명실상부한 미국의 독주가 실현되는 것이다. 이를 모를 리 없는 중국과 러시아 역시 우주 공간에서 미국과 동맹국의 인공위성을 파괴하거나 교란하는 기술을 개발 중이다.

이런 우주 전쟁에서 가장 중요한 분야가 바로 미국과 중국이 기를 쓰고 앞서려는 GPS, 5G, 우주 탐사 등이다. 레이건 시절 개발하려다 천문학적 비용 때문에 중단된 '신의 지팡이(Rods of God)' 같은 전략 무기 개발이 재개될지도 흥미롭다. 신의 지팡이는 탄두 대신 텅스텐처럼 열에 강한 소재의 무거운 선형 물체를 인공위성에서 지구로 떨어뜨리는 무기다. 위치 에너지만 활용해 운석이 떨어지는 것 같은 파괴 효과를 내려는 것인데, 속도가 빨라 요격할 수 없고 탐지도 어렵다. 비용이 문제인데 일단 배치만 하면 적을 위협하는 효과는 상당할 것이라고 한다.

중국 역시 이를 모방한 무기를 우주에 배치하는 방안을 추진 중이라고 발표했는데, 실제로 그럴 기술이 있는지, 미국을 의식한 블러핑

인지는 알 수 없다.

시진핑 주석은 군 주도 방위 산업 부문에 민간 기업이 참여하는 '민군 융합 프로젝트'를 직접 지휘하는데, 이 프로젝트의 핵심이 바로 AI 원천 기술이다. 미국과의 우주 전쟁을 위한 무인 극초음속 무기, 공격용 무인기(드론), 레일 건 등에 쓰일 AI 기술을 확보하기 위해서다.

이에 질세라 트럼프 대통령 역시 AI 연구 개발에 예산을 집중적으로 투입하는 'AI 이니셔티브'를 발표하고 강력히 추진 중이다. 트럼프 행정부는 특히 실리콘 밸리의 AI 기술이 중국 기업을 통해 인민해방군으로 흘러들어 가는 것을 차단하고 나섰다. 세계 1위 IT 기업인 구글의 CEO를 대통령이 직접 불러 이런 부분에 대한 우려를 전달하고 미국의 이익을 우선하라고 주문할 정도였다. 세계 최강국 대통령으로부터 직접 경고를 받은 구글은 "중국군이 아니라 미군을 위해 헌신하겠다"는 약속을 공식 입장으로 내놔야 했다.

인간 대신 인공 지능이 우주 공간에서 벌이는 전쟁은 지금까지 우리가 알고 있던 전쟁의 양상을 완전히 바꿔 놓을 것이다. 미국은 물론 중국도 새로운 전쟁에서 승자가 되고자 숨 막히는 경쟁을 벌이기 시작했다. 우주 전쟁의 승자가 곧 세계를 지배하는 날이 다가오고 있으며, 국제 질서도 이에 따라 재편될 것이다.

20세기에 시작된 자유민주 진영 대 사회주의 진영의 대결은 중국과 러시아의 건재로 여전히 끝나지 않은 싸움이다. 미국 또는 중국,

어느 한쪽이 우주에서 압도적 우위를 선점한다면 오랫동안 계속된 두 진영의 대립도 끝나게 될 것이다. 승자는 누가 될까? 어느 진영이 승자가 되는 게 우리 대한민국, 나아가 인류에게 유익할까?

확실한 것은, 이 싸움에서 중국이 이길 것이라고 예상하는 것은 합리적이고 적절한 판단이 아니라는 사실이다.

세계 안보 위협하는 중국 스파이

2020년 현재 미국 상·하원 의회를 통틀어 최고령 의원은 민주당 소속 다이앤 페인스타인(캘리포니아)이다. 1992년부터 상원의원으로 일해 온 거물 중진이면서, 민주당 소속 캘리포니아 출신 여성이란 공통점을 지닌 낸시 펠로시 하원의장과 함께 미국 리버럴 정객의 거두로 꼽힌다. 특히 페인스타인 상원의원은 세계 곳곳의 고급 정보에 접근할 수 있는 상원 정보위원회 위원장을 지냈고 지금도 정보위원이다.

그런데 워싱턴 정가의 핵심 인물인 페인스타인의 보좌관이 중국 간첩으로 지목됐다면 믿을 수 있겠는가?

미 의회까지 침투한 중국 스파이

지난 2018년 7월 미국 공안 당국은 페인스타인의 보좌진 중 한 명이 중국 정보원으로 활동하며 지역 정치 현안을 중국 당국에 보고한 사실을 포착해 페인스타인 측에 통보했다. 미국 보수 매체 '데일리 콜러'와 정치 전문지 〈폴리티코〉 등에 따르면 이 중국계 스파이 L씨는 '사무장'이라는 직함을 달고 페인스타인 지역구에서 아시아 커뮤니티 관리를 맡았으며, 2014년 그만둘 때까지 20년간 페인스타인을 보좌했다.[19] 사임한 이유는 미국 연방 수사국(FBI)을 비롯한 공안 당국에서 스파이 혐의를 페인스타인에 제기했기 때문이었다. 페인스타인 보좌진을 그만둔 이후는 샌프란시스코에 머물며 일본군 위안부(comfort women) 관련 시민 단체에서 일한 것으로 조사됐다. 페인스타인 의원실은 L씨가 중국 간첩이냐는 질문에 확인해 주지 않았지만, 페인스타인 명의로 낸 성명을 통해 "그는 기밀 또는 민감한 정보나 입법 관련 사안들에 접근할 수 없었다"고 주장했다.

샌프란시스코는 북미 최대 차이나타운이면서, 세계 첨단 기술의 산실인 실리콘 밸리가 있는 도시다. 이를 노린 중국은 과거 워싱턴 DC와 뉴욕 유엔 본부를 중심으로 투입했던 스파이 역량을 샌프란시스코에 분산 배치해 중국 제조 2025 실현을 위한 기술 탈취를 해 온 것으로 미국 정보 당국은 파악한다. 전직 정보기관 직원을 인용해 FBI가 수사하는 산업 스파이 사건의 5분의 1이 실리콘 밸리에서 일어났다는 조사 결과도 나왔다.

미합중국 대통령에 대적할 힘이 있는 야당 상원의원의 주요 보좌진이 중국 스파이였다고 하는데, 하물며 다른 분야는 어떨까?

정보기관부터 민간 기업, 연구소, 싱크 탱크, 대학, 병원 등에 이르기까지 미국 주요 부문에 중국 간첩들이 광범위하게 침투해 활동 중이라는 정황이 실제로 속속 드러나고 있다. 미국 정보기관 중 핵심인 중앙정보국(CIA) 요원 출신들조차 중국 간첩 혐의로 처벌받는 사례가 늘어날 정도다.

2019년 5월에는 전직 CIA 요원 2명이 동시에 중국 스파이로 일한 사실이 밝혀졌다. 버지니아주 연방 법원은 국가 안보 기밀을 중국 정보기관에 넘긴 혐의로 전직 CIA 요원 케빈 멜러리에 징역 20년을 선고했다. 멜러리는 미 육군 정보 파트와 국방정보국(DIA)에서도 일했던 베테랑 요원이다.

귀화한 미국 시민권자인 전직 CIA 요원 제리 춘 싱 리도 버지니아주 법원 심리에서 기밀 정보를 중국 정보기관에 전달한 혐의를 시인했다. 최대 종신형에 처하는 간첩 행위다.

미국 국무부 직원 캔더스 클레이본은 중국 정보 당국으로부터 금품을 받고 기밀을 넘겼다는 혐의로 체포돼 조사를 받았고, 국방부 관리를 지낸 론 핸슨도 거액을 받고 중국 정보원들에게 정보를 유출한 혐의를 인정했다.

미국 대잠수함 작전 장비인 수중 청음기, 음파 탐지기 등을 불법으로 중국 인민해방군에 반출한 혐의로 중국인 친수런이 미 검찰에 체포되기도 했다.

연구원들도 잇따라 스파이 혐의가 적발되거나 미국에서 쫓겨나고 있다. 2019년 4월에는 세계 최고 암 연구 기관인 미국 MD 앤더슨 암센터가 중국인 과학자 3명을 간첩 혐의로 퇴출했다. 같은 해 3월엔 미국 전기차업체 테슬라가 퇴사한 중국계 연구원이 기술을 탈취했다며 소송을 걸었다.

미국 최대 연기금인 캘퍼스(CalPERS, 캘리포니아 공무원 연금) 최고 투자 책임자(CIO)가 중국 공산당과 밀접하게 유착됐다는 의혹도 제기됐다. 미국 반중 매체 〈에포크 타임스〉는 2019년 7월 캘퍼스의 CIO 인 벤 멍이 헤드 헌팅을 가장한 중국 공산당의 첩보 활동인 '천인 계획(Thousand Talents Project)'에 참여했다고 보도했다.[20] 지난 2008년 시작된 천인 계획은 미국을 비롯한 서방 선진국에서 고위 관리, 민간 기업과 금융 기관 고위직 등을 지낸 인사, 원천 기술이나 특허를 보유한 인사 등 엘리트를 모집하는 프로그램이다. 미 정보 당국은 중국이 이 프로그램을 주요 기밀 정보와 첨단 기술을 유입하는 파이프라인으로 악용하는 것으로 본다. 게다가 캘퍼스 홈페이지에 따르면 멍 CIO는 중국 국가외환관리국에서 3년간 고위직을 지낸 뒤 캘퍼스로 복귀했다. 캘퍼스는 인민해방군, 방위 산업, 사이버전, 인권 유린 등과 관련된 중국 기업들에 투자한 이력이 있다.

"중국 간첩은 가장 심각한 안보 위협"

중국 스파이들의 안보 정보와 기술 절취 행위를 조사해 온 FBI는 보고서와 고위 관계자 발언 등을 통해 "중국의 첩보 행위가 미국 국가 안보에 가장 심각한 위협"이라는 입장을 여러 차례 공식화했다.

특히 FBI는 2018년 12월 중국 국가안전부 해커들이 세계 최대 호텔 체인인 메리어트 인터내셔널의 고객 정보 5억 명분을 빼 간 혐의가 드러나자 의회에 중국 스파이 활동이 국가 안보에 최대 위협으로 떠올랐음을 경고하는 입장을 전달했다. 크리스토퍼 레이 FBI 국장은 2019년 7월 상원 법사위에 출석해 "거의 모든 지식 재산이 중국에 들어갔다"며 중국을 정보 분야에서 '가장 심각한 위협'으로 지목하기도 했다. FBI는 현재 중국의 지식 재산권 침해와 기술 절도에 대한 광범위한 조사를 벌이고 있다. 미국 전역에서 무려 1천 건이 넘는 수사가 진행 중이다.

미 법무부는 2018년 말 중국 정부 소속 해커 2명이 해군 전산망에서 10만 명의 개인 정보를 빼내고 미 정부 산하 기관들과 최소 45개 군수 및 민간 기업에서 기술과 지식 재산권을 훔쳐 갔다고 발표하면서 이들의 신상을 공개하고 기소했다.

개인신용정보업체 에퀴펙스가 보유한 많은 양의 고객 정보가 유출된 사건과 관련해 미국 사법 당국은 중국인들을 해킹 혐의로 기소했다.

미 공안 당국은 미 연방 인사관리처(OPM) 전산 시스템 해킹으로 전·현직 연방 공무원과 계약자 등 2천만 명의 신상 정보가 유출된 사건에도 중국 해커들이 개입했다고 본다.

심지어 대학가에도 중국인 스파이들이 대거 침투해 활동 중인 것으로 미국 행정부는 파악한다. 미국 대통령이 직접 중국인 유학생을 '스파이'로 지칭할 정도다. 지난 2018년 8월 〈폴리티코〉 보도에 따르면 트럼프 대통령은 대기업 CEO들과 만찬에서 중국 문제를 집중적으로 거론하면서 "그 나라에서 오는 거의 모든 학생은 간첩"이라고 말했다고 한다.[21] 레이 FBI 국장 역시 2019년 5월 워싱턴 DC에서 한 강연에서 중국 정보기관이나 국영 기업 소속 주재원뿐 아니라 중국에서 온 대학원생과 연구원들까지도 잠재적 스파이로 보는 시각을 드러냈다. 미국 명문 대학이 밀집한 매사추세츠주에서는 아이비리그로 유명한 보스턴이 유학생과 교수로 위장한 중국 스파이들의 표적이 됐다는 지역 언론의 보도도 있었다.

워싱턴 DC에서 만났던 한 싱크 탱크 관계자의 설명은 미국을 움직이는 엘리트들이 미국에서 활동하는 중국인 유학생을 보는 시각을 잘 보여 준다.

중국 공산당은 미국에 있는 중국 유학생과 연구원, 언론인 등에게 첩보 활동을 강요한다는 인상을 받았다. 미국 내에서 자유롭게 활동 중인 이들 중국인은 미국 대학과 연구소들의 개방적인 환경을 활용 또는 악용한다. 그래서 사실상 견제나 감시 없이 주요 정부와 기밀을 빼내 본국에 전달할 수 있는 상황이다. 이는 미중 양국 간 정보전의 불균형을 야기한다.

이에 따라 트럼프 행정부는 중국인 학생의 비자 발급을 까다롭게 제한했다. 중국인 유학생의 비자 유효 기간을 기존의 5분의 1 수준인 1년으로 대폭 단축했고, 신규 또는 재발급받는 데 걸리는 기간도 배 가까이 늘어났다. 아울러 상무부가 담당하는 중국 출신 연구원과 주재원 고용 승인도 대폭 지연시켰다. 중국인 비자 신청자에 대해서는 소셜 미디어 활동까지 상세히 조사하고, 허위 진술에 대해서는 강력히 제재하기로 했다. FBI는 미국 주요 대학에 공문이나 문건을 보내 중국 유학생들의 기술 탈취와 첩보 활동 사례 등을 알리고 이들이 미국에 위협이 되지 않도록 관리하라고 당부하기도 한다. 의회도 상·하원 모두에서 대학의 연구 성과를 외국인 학생에 탈취당하지 않기 위한 '대학 보호법' 등과 같은 입법이 추진 중이다.

이처럼 단속과 감시가 강화되자 중국인 유학생 숫자가 급격히 줄면서 미국 대학들의 수입도 덩달아 주는 현상도 나타났다. 미국 각 정부 기관들 통계를 종합하면 중국인 유학생은 대략 전체 미국 내 유학생의 3분의 1 수준으로 집계되므로 당연한 현상이다. 2018년 말에는 세계적으로 유명한 메사추세츠 공대(MIT)에 중국 본토 출신이 단 한 명도 입학하지 못했다는 소식도 들렸다.

대학들의 수입 감소를 이유로 중국인 유학생 관리 강화책을 비판하는 리버럴 언론이나 학자도 있지만, 미국 보수층에서는 이들 언론과 학자들이 중국 자금에 포섭됐다는 시각을 보이기도 한다. 실제로 미국에서 중국 스파이나 친중 인사가 된 사람들은 돈과 살해 위협에 포섭된다는 증언도 나왔다. 미국 외교 안보 매체 〈워싱턴 프리비컨〉에 따르면 앞서 거론했던 CIA 요원 출신 중국 스파이 론 핸슨은 중국 정보기관인 국가안전부로부터 정보를 넘기는 대가로 거액의 사례금을 받았다.[22] 국가안전부는 핸슨이 배신할 경우 아무도 모르게 죽이겠다는 협박도 했다고 한다.

중국 해외 문화원인 '공자학원(孔子學院)'을 둘러싼 논란도 흥미롭다. 공자학원은 중국 정부가 중국의 언어와 문화를 세계에 전파한다는 취지로 자국에 본부를 두고 각국에 설립한 교육 기관이다. 140여 개국에 지부가 있으며 미국에 가장 많다. 일본, 영국, 독일, 프랑스, 한국 등 선진국 외에도 일대일로 거점 국가에 집중적으로 설립됐다. 그런데 미국에서는 사실 이곳이 스파이 활동의 거점이며, 중국식 사회주의 혁명 노선을 전파하는 선전 기구로 활용된다는 지적이 제기됐다. 즉, 적국의 사회 혼란을 야기하려는 '트로이의 목마'로 본 것이다.

미국에서는 다수 대학이 공자학원과 절연하는 등 퇴출 움직임이 시작됐다. 연방 정부가 안보 위협이 있는 기관과 거래하는 대학에 지원금을 끊기로 한 것도 영향을 줬다. 공자학원이 처음 개설된 스웨덴조차 발 빠르게 이를 없애기 시작했다. 그런데도 공자학원의 주요 거점인 한국에서는 여전히 공자학원들이 흔들림 없이 유지되고 있다. 퇴출은커녕 아직도 공자학원을 유치하려는 대학들이 적지 않다. 그 배경에 중국 자본과의 유착이 있을 가능성을 주시할 필요가 있다.

미국의 중국 스파이 색출 작전은 앞으로 계속될 것이다. 미국 내 중국 기업인, 언론인, 외교관 등은 물론 대학 연구원과 학생들까지도 감시와 추방 대상이 됐다. 영국, 호주, 캐나다 등 동맹국들도 위협을 감지하고 미국의 행보에 힘을 모은다. 세계 각국에 보낸 스파이들의 활동에 의존도가 큰 중국으로서는 이런 변화로 인해 정보전과 여론전에서 앞으로 전력 손실이 클 수밖에 없다. 중국 공산당의 세계 공작이 유례없는 위기를 맞았다.

전 세계 중국 스파이 경보… 우리는?

호주, 대만, 일본과 유럽 국가 등에서도 중국 간첩 퇴출에 열을 올리고 있다. 이들 국가에서 연구원, 외교관, 언론인, 유학생 등으로 위장한 중국 스파이들이 암약한다는 첩보가 잇따랐고 실제 사례도 발견됐기 때문이다.

주 시드니 중국 총영사관 영사로 근무하다 망명한 천융린(陳用林)이 밝힌 중국의 대(對)호주 스파이 공작 실상은 충격적이었다. 그의 증언에 따르면 호주에서 암약하는 중국 간첩은 5천 명이 넘고, 호주 내 중국계 주민 약 100만 명 중 3분의 1이 잠재적 스파이일 수 있다는 것이다.

2019년 11월에는 이런 의혹들이 공식화하면서 호주 사회가 발칵 뒤집혔다. 호주 정보기관과 의회가 중국의 스파이 활동을 포착하고 공개적으로 중국에 공식으로 경고를 날린 것이다. 호주 안보정보원(ASIO)은 중국 정부가 거액의 돈을 주고 호주 사업가를 매수해 호주 의회에 심어 넣으려고 했다고 발표했다.[23] 이 사업가는 ASIO에 이런 제안을 받은 사실을 신고했으나 2019년 3월 한 모텔에서 숨진 채 발견됐다. 경찰이 사인을 밝히지 못한 의문사였다.

비슷한 시기 호주에 망명을 신청한 중국 간첩 왕리창은 호주 언론과 인터뷰에서, 중국이 호주 정치권을 상대로 공작을 벌인다고 증언해 이런 의혹을 뒷받침했다.

중국은 호주 의회와 주요 정당을 상대로 사이버 공격을 했다는 의혹도 받는다. ASIO와 호주 의회는 중국을 향해 호주 정치에 개입하려 한다고 경고하고 조사에 착수했으며, 호주 정부는 중국의 스파이 활동을 막기 위한 태스크 포스를 가동했다.

2020년 1월에는 독일 연방 검찰이 전직 EU 외교관을 중국 간첩 혐의로 체포해 조사한다는 소식이 전해져 유럽이 발칵 뒤집혔다. 이 외교관은 중국에서 국가안전부 책임자들과 접촉하고 외교관 퇴임 후 중국과 관련한 로비 활동을 한 혐의를 받았다. 놀랍게도 중국 스파이 혐의를 받는 이 외교관은 2015년 주한 EU 대사를 지낸 게르하르트 사바틸[24]로 전해져 충격을 줬다.

서유럽은 그래도 동유럽보다는 사정이 낫다고 한다. 동유럽은 헝가리를 비롯한 일대일로 참여국을 중심으로 상당한 숫자의 중국 스파이와 친중 인사들이 암약하는 것으로 서방 정보기관은 파악한다.

호주나 유럽처럼 중국에서 멀리 떨어진 곳이 이 정도인데, 중국과 사실상 국경을 접하면서 중국인 불법 체류 단속이 느슨하고, 오랜 세월 중국의 속국이란 의미의 '소중화(小中華)'를 자처해 온 한국은 어떨까? 한국 정보 당국은 중국의 스파이 활동과 기술 절취 등에 대비가 돼 있으며, 제대로 감시 활동을 벌이고 있을까?

우리와 사정이 비슷한 일본과 대만 등에서는 이미 오래전 스파이 스캔들이 크게 일어난 적이 있다. 대만에서는 현역 군 장성이, 일본은 상하이 영사관 외교관이 중국의 미인계에 넘어가 협박을 당하고 스파이 행위를 한 일이 있다. 조국을 배신한 결말은 각각 징역형과 자살이었다. 마치 탕웨이 주연의 영화 〈색, 계〉(2007)를 보는 듯하다.

삼성전자를 비롯한 우리 글로벌 대기업에서 중국에 첨단 핵심 기술을 도둑맞았다거나, 이런 대기업에 다니던 우리 연구원들이 주요 부품 설계 도면 등을 들고 중국 기업에 스카우트됐다 적발됐다는 소식이 가끔 들리기도 한다. 국가 안보의 미래를 걱정하지 않을 수 없는 심각한 대목이다.

한국무역협회는 중국이 반도체, 배터리, 항공업체 등 첨단 업계에서 한국 전문 인력을 노골적으로 탈취한다고 지적했다. 보고서[25]에 따르면 중국 정부가 중국 제조 2025에 따라 외국 인재 유치에 적극적으로 나서면서 중국 기업들도 한국 기술 인재를 집중적으로 빼 갔다. 배터리 세계 1위 업체인 중국 CATL과 전기차 기업인 비야디(BYD) 등은 한국 인재를 대상으로 최대 4배 연봉 또는 자동차, 숙소 등의 부대조건 등을 제시했고, 메모리 제조업체인 푸젠진화(JHICC)는 "10년 이상 삼성전자·SK 하이닉스에서 엔지니어로 근무한 경력자 우대"를 명시하며 노골적인 인력 빼 가기에 나섰다. 보고서는 또 삼성전자가 2018년 중국 반도체업체로 이직한 D램 설계 담당 전 임원에 대해 전직 금지 가처분 소송을 제기한 사례도 소개했다.

항공업계 인력 유출도 심각하다. 보고서에 따르면 2014년부터 2019년 7월 사이에 외국계 항공사로 이직한 조종사 460여 명 중 최소 367명이 중국 항공사로 간 것으로 파악됐다. 10명 중 8명꼴로 중국행을 택한 것이다.

친중 학자와 언론 문제는 냉철하고 객관적인 태도로 지켜볼 부분이다. 일부 학자들은 "친미·친중을 이분법 논리로 선택하면 안 된다", "반공에 기반한 중국 혐오는 금물", "한국 경제는 중국과 협력 없이 생존 불가능하다" 등의 논리를 설파한다. 심지어 "서방에서 제공하는 중국 정보는 모두 거짓"이라고 주장하는 학자도 봤다. 대한민국은 중국과 달리 학문과 언론의 자유가 있으므로 누구나 어떤 내용이든 주장할 수 있다. 그런데 문제는 이런 논리가 중국 독재 정부가 평소 선전하는 것과 일치한다는 점이 우리를 오싹하게 만든다.

판단은 결국 독자들의 몫이지만 중요한 게 있다. 결국 인간의 행동을 좌우하는 이면에는 '돈과 생존 기반'이 있다는 사실이다. 중국을 기반으로 사업하거나 중국에서 일했거나 학위를 받았다고 모두 친중 인사로 몰아선 안 된다. 다만, 합리적 의심은 필요하다. 중국 체류 기간이 길거나 중국 정·관계에 커넥션이 있거나 중국 관련 연구소나 단체를 운영한다면 일단 이력을 살펴볼 필요는 있다.

미국, 영국, 호주, 이스라엘 등의 정보 당국은 중국이 미인계, 성관계 제공 후 협박, 금품 매수, 살해 협박 등을 통해 상대국 정부, 정치권, 학계, 종교계 등의 주요 인사를 포섭하는 것으로 파악한다. 또 앞서 든 호주 사례처럼 중국은 다른 나라의 선거 개입에도 주력하는 것으로 서방 정보기관들은 분석한다. 지지 또는 포섭 대상 정당과 후보에 자금 지원, 반대 후보에 불리한 자료 수집 및 함정 유인, 현지 언론에 자금과 광고 후원, 중국인 유학생과 동포를 활용한 온라인 장악 등의 방법이 활용된다고 본다. 2020년 들어 한국에서 논란이 된 '차이나 게이트'도 중국인 유학생과 동포 등으로 구성된 댓글 부대가 온라인에서 여론을 조작하고 호도한다는 내용을 담은 의혹이었다.

제3부

외우내환 중국,
대위기의 증거들

1989년 톈안먼 사태 때 진압군 탱크를 맨몸으로 막아선 '톈안먼 탱크맨'의 모습은 사회주의 독재에 항거하는 중국 내부로부터의 파열음을 전 세계에 알렸다.

시한폭탄 중국 경제

미국의 중국 죽이기 캠페인이 다양한 분야에서 전방위로 진행되고 있다는 사실을 확인했다. 그런데, 미국의 여러 공격이 없더라도 중국 경제는 스스로 사망에 이르게 할지도 모를 복합적이고 심한 중병들을 앓고 있다. 미국을 비롯한 외부 세계의 공격뿐 아니라 내부에서 자생한 다양한 문제들까지 중국의 목을 안팎에서 조르고 있다는 얘기다. 말 그대로 설상가상이다.

경이적인 경제 성장률 수치, 막대한 외환 보유고 등은 중국 경제를 장밋빛으로 가득하게만 보이게 했다. 그러나 화려한 외형과 달리 중국 경제는 안으로 심각하게 썩어 들어가는 중이다. 사회주의와 자본주의를 급격히 결합한 중국 경제가 본질적으로 내포한 한계, 불투명성과 부패로 자초한 위기, 각종 환경적·태생적 요인에 따른 약점

등은 중국 경제를 중환자로 만들었다.

미국이 만들어 준 안락한 환경 속에서 급성장을 거듭해 온 중국 경제는 지금까지 인민의 눈을 가렸다. 인민들이 공산당 독재 정권에 불만을 가질 틈을 주지 않았다. 먹고사는 문제가 해결되니 인권, 종교, 언론 탄압 등은 큰 문제가 되지 않거나 정부가 은폐할 수 있었다. 톈안먼 사태 당시 얼마나 많은 사람이 죽었는지는 외부인은 물론 중국인들조차 잘 모른다.

그러나 역대 중국 왕조는 모두 백성이 오랫동안 기아에 시달리면 무너졌다. 오랫동안 빠져나갈 곳을 찾지 못한 압력은 더 큰 폭발을 부른다. 초유의 경제 위기가 오고 당장 생계에 지장이 생긴다면 중국 내에서 어떤 사태가 벌어질지는 아무도 장담할 수 없다.

지금 세계 경제 전문가들은 중국이 외환 보유고 변동성, 외국인 투자 유출, 부채 급증과 재정 건전성 악화, 증시 불안, 식량난, 에너지난 등으로 총체적 위기를 맞을 수 있다는 경고음을 내고 있다.

빚으로 쌓은 만리장성

중국이 수출품 가격 경쟁력 확보를 위해 위안화 가치가 오르지 않도록 개입하는 것은 신흥 무역국이자 사회주의 계획경제에서 당연한 일로 볼 수 있다. 미국의 '관세 폭탄' 공격을 방어하는 수단으로 중국 정부가 위안화 가치 하락을 유도하는 측면도 있다. 자국 통화 가치가 떨어지면 관세 부과에 따른 부정적 효과를 상쇄할 수 있다.

그런데 사실 이런 방식은 양날의 칼이다. 목표했거나 관리 가능한 한도를 넘어 위안화 가치가 하락하면 중국에서 달러 자금이 급격히 유출될 가능성이 있기 때문이다. 이럴 경우 허약한 중국 증권 시장도 급격한 외국인 투자 유출로 비상 상황을 맞을 수 있다.

게다가 위안화 가치가 너무 많이 떨어지면 외환 보유고에도 악영향을 준다. 환율 방어 차원에서 보유한 달러화를 팔아 위안화 폭락을 막아야 하기 때문이다.

성장 둔화 속 외환 보유고도 위태

중국은 오랫동안 외환 보유고 세계 1위를 지켜 왔다. 2019년 1월 말 기준으로 3조 3,999억 달러[26] 로 압도적 1위다. 시장에서는 이 가운데 3분의 2 정도가 미국 달러화 표시 자산일 것으로 추정한다.

하지만 현재 중국의 외환 보유고는 허상이라는 각국 전문가들의 경고가 잇따른다. IMF 구제 금융을 받는 상황이 올지도 모른다는 소문이 이미 2019년 초반부터 돌기 시작했다.

저렇게 달러를 많이 가졌는데 외화 부족 사태로 위기를 맞는다니, 상식적으로는 이해가 안 될지 모른다. 달러가 부족한 세계 최대 달러 보유국이란 말은 마치 '뜨거운 아이스크림'처럼 들린다.

하지만 여기에는 이유가 있다. 엄청난 규모의 대외 부채가 바로 숨겨진 폭탄이다.

2019년 8월 경제 통신사 블룸버그 보도[27]에 따르면, 중국의 대외 부채는 알려진 것만 약 2조 달러 규모이고, 여기에 중국 기업의 해외 자회사들이 보유한 부채도 6,500억 달러에 달한다. 게다가 만기가 돌아오는 부채는 2020년 상반기에만 630억 달러로 추산됐다. 중국 당국은 3조 달러 정도를 외환 위기 방어를 위한 마지노선으로 보는 것으로 알려졌다.

이 통계에 따르면 대외 부채를 계산할 경우 중국의 가용 외화 보유액은 5천억 달러 안팎에 불과하고, 당장 상환해야 하는 채무 액수가 상당하다. 유사시 언제든 국가 부도 사태가 올 수 있다는 뜻이다. 중국 정부가 모라토리엄(채무 상환 유예) 선언이라도 한다면 부실 기업 디폴트와 뱅크 런(예금 대량 인출) 사태로 번지면서 대혼란과 공황이 일어날 수 있다.

이미 둔화하고 있던 중국의 성장세가 우한발 코로나 19 사태까지 겹치면서 급격히 하락하는 것도 악재다. 중국 경제는 최소 연간 6퍼센트 이상 성장해야만 유지되는 구조다. 시진핑 정부가 6퍼센트대 경제 성장률을 사수한다는 '바오류(保六)'에 집착하는 이유다. 그런데 괴질 수준의 역병이 돌자 중국 경제가 내수와 수출 모두 큰 타격을 입고 성장률이 1퍼센트포인트 이상 하락할 수 있다는 전망이 나온다.

코로나 19 확산 전인 2020년 1월에 이미 중국 당국은 2020년 성장률이 기존에 추정했던 6.1퍼센트보다 0.1퍼센트포인트 정도 낮아질 것으로 전망했다. 경제협력 개발기구(OECD)와 신용평가사 무디스는 그보다 낮은 5.8퍼센트로 전망했다. 그러나 코로나 19 사태가 터지며 중국 경제가 받은 충격은 예상보다 컸다. 급기야 2020년 1분기 GDP 증가율이 마이너스 6.8퍼센트로, 관련 통계가 작성된 1992년 이후 가장 낮았다. 심지어 마이너스 성장은 문화 대혁명 마지막 해인 1976년 이후 처음 겪는 악몽이다. 산업 생산, 소매 판매 등의 주요 지표도 마이너스로 돌아섰다.

중국은 2015년 8월에도 외채 상환의 덫에 걸려 외화 보유액이 줄면서 위안화 가치가 급락하는 위기를 겪은 적이 있다. 해외 자본 유출이 잇따르면서 중국 상하이 증시가 석 달 만에 43퍼센트나 폭락했고 시가 총액 5조 달러가 증발했다.

중국은 이미 외환 통제를 시작한 상태다. 개인 달러 환전액을 제한한 데 이어 은행 해외 지사 등을 통해 달러 보유고 관리에 들어갔다. 만약 중국의 2020년 경제 성장률이 5퍼센트대로 내려앉을 경우, 외환 부족 사태가 더욱 심화하면서 자유무역 체제에 진입한 이후 최악의 위기를 맞으며 국가 부도 사태로 치달을 가능성을 배제할 수 없다.

버블 경제, 터질 때가 됐다

중국은 미국이 주도하는 글로벌 자유무역 체제에 편입된 이래 초고속 성장을 이어 왔다.

국가든 기업이든, 급속 성장 과정에는 보통 차입 경영이 수반된다. 특히 사회주의 계획경제인 중국은 과도한 빚을 내 외형적 성장을 이끄는 경제 운용을 해 온 게 사실이다.

중국 경제에 정통한 호주 언론인 디니 맥마흔은 『중국의 부채 만리장성(China's Great Wall of Debt)』[28]에서 중국 경제가 이룩한 고속 성장에는 사상누각과 같은 위험한 측면이 있음을 지적했다. 중국 경제는 불투명한 관행과 부패 속에서 과잉 부채를 통해 외형만 키운 '버블 경제'라는 진단이었다. 맥마흔은 중국의 부채 증가 속도가 현대 국가에서 가장 빠른 수준임을 지적하기도 했다.

중국 경제 전문 매체 〈차이신〉에 따르면 2020년 2월 중국 정부는 2019년 말 중국 총부채 비율이 245.4퍼센트로 1년 전보다 6.1퍼센트 포인트 올랐다고 집계했다. 특히 코로나 19 확산 여파로 중국 경제가 타격을 받으면서 2020년 말에는 총부채 비율이 1년 전보다 10퍼센트 포인트까지 급증할 것으로 전망했다. 통계를 믿기 어려운 중국 당국의 전망이 이 정도이니, 중국 경제가 휘청거리는 건 분명해 보인다.

그동안 중국 정부는 총부채 규모를 GDP의 50퍼센트를 밑도는 선에서 관리 중이라고 발표해 왔지만, 서방 선진국에서는 이 말을 그대로 믿지 않는다. 2018년 10월 신용 평가 기관 스탠더드앤드푸어스(S&P)는 중국이 숨긴 부채가 5조 8천억 달러에 달할 수 있다고 추산한 바 있다. 미국을 비롯한 선진국 연구소와 경제 매체들은 정확한 부채 규모를 중국 정부조차 집계하기 어려울 것으로 본다. 미국, 일본, 유럽 국가들이 설립한 국제금융협회(IIF)는 중국의 GDP 대비 부채 비율이 3배가 넘을 것으로 추정한다. 한마디로 빚으로 쌓아 올린 만리장성인 셈이다. 성장을 유지하려고 폭탄 돌리기를 계속한 결과다.

사상누각 같은 중국 경제는 빚 돌려 막기가 계획대로 이뤄지지 않으면 무너질 수 있다. 무엇보다 부채 문제가 어느 한 분야에 국한된 게 아니라는 사실은 심각성을 더한다. 중국 경제는 이른바 '삼중 부채(triple debts)'에 시달리고 있다. 가계·기업·정부라는 경제 주체 3자가 모두 빚더미에 시달린다. 코트라는 보고서[29]에서 중국의 부채 문제가 "기업-가계-정부 순으로 심각하다"고 밝혔다. 보고서에 인용된 IIF 자료에서 2019년 7월 기준 중국의 GDP 대비 부채 비율은 비금융 기업 155.5퍼센트, 가계 54퍼센트, 정부 51퍼센트, 금융 부문 43.1퍼센트로 집계됐다.

특히 2008년 글로벌 금융 위기 당시 중국은 부동산과 SOC에 대규모 재정을 투입해 고성장세를 유지하는 방식으로 위기를 탈출했는데, 그 결과 급속한 경제 성장은 이뤘지만 거품 경제와 부채 급증이라는 부작용을 낳았다. IIF도 중국의 총부채는 2008년 금융 위기 이후 꾸준히 급증해 2018년 6월 기준 220조 위안에 가까운 수준에 이르렀다고 발표했다. 또 2018년 3분기 기준 중국의 GDP 대비 기업 부채 비율은 157.1퍼센트로 주요 신흥국보다 2~3배 높은 것으로 나타났다. IMF도 2019년도 금융 안정 보고서(GFSR)에서 중국의 2018년 기업 부채 규모는 2008년 금융위기 때의 4.4배에 달한다며 위험성을 지적했다.

실제로 중국 기업들의 해외 디폴트도 증가한 것으로 나타났다. 블룸버그 통신의 2020년 1월 조사 결과 톈진물산, 민성투자, 화천에너지, 중국신에너지태양광기술 등 우량 기업을 자처했던 중국 기업들이 잇달아 해외에서 디폴트를 선언한 것으로 나타났다.

중국의 부채가 급증한 원인으로는 우선 중국몽의 양대 프로젝트 중 하나인 일대일로가 인프라 건설에 천문학적 비용을 투입하게 만들었다는 점이 꼽힌다.

아울러, 미국과의 무역 전쟁으로 외국 기업들이 잇따라 철수하고 중국 기업들도 잇따라 파산해 경기가 크게 둔화한 점도 부채 급증의 요인이다. 코트라 보고서는 2018년 상반기에 파산한 중국 기업만 무려 500만 개가 넘고 농민공 740만 명이 귀향했다는 중국 내 언론 보도도 있었다고 전했다. 중국 내에서 정부 규제의 사각지대에 있는 기업 금융인 '그림자 금융' 규모가 상당한 데다, 매년 그 비율이 눈에 띄게 증가하는 점도 위험 요소다.

가계, 즉 개인들이 진 빚 문제도 만만치 않다. 〈사우스차이나 모닝 포스트(SCMP)〉는 악성 채무자로 찍혀 대중교통도 제대로 이용하지 못하는 중국인이 1,300만 명에 달한다고 보도했다.[30]

이런 악재들이 한꺼번에 터지면 급격한 외자 유출로 유동성 부족 사태가 오면서 한순간에 IMF에 손을 벌려야 할 가능성이 있다.

무기 대신 경제 전쟁에 나선 미국은 최대 위협 중국이 처한 현 상황을 어떻게 활용할까? 버블 붕괴를 유도해 중국이 가진 달러를 빠르게 소진시키는 방안이 말 그대로 '테이블 위에(on the table)' 올라와 있지 않을까? 잊지 말아야 할 건, 미국은 싸우는 방법을 안다는 점이다.

이렇게 상황이 심각해지자 중국 정부도 관리에 나서지 않을 수 없게 됐다.

시진핑 주석은 2019년 1월 중앙 부처와 지자체 장관들을 소집해 주재한 회의에서 기업 부채와 그림자 금융, 부동산 버블 등을 '회색 코뿔소(grey rhino, 충분히 감지할 수 있지만 간과하는 위험 요소)'로 명명하며 대비를 주문했다.

이에 따라 중국 당국은 지방 정부 부채와 채무 불이행 가능성, 부동산 리스크 등을 관리하고 금융 시장 감시를 강화했다. 독재 정부인 만큼 민주주의 국가보다 아무래도 관리 효율성은 뛰어날 수밖에 없다. 그러나 공산당이 민간 부분을 통제하는 '당진민퇴(黨進民退)'의 불투명한 관행이 초래한 위험 요소까지 제대로 관리할지는 의문이다.

뇌관이 될 부동산 버블

중국의 경제 금융 위기가 외부발이 아닌 내부발이라면, 부동산 시장 거품에서 초래될 것이라는 전망이 많다.

중국에서 부동산발 금융 위기설이 제기돼 온 것은 새로운 얘기가 아니다. 이미 2010년대 초부터 계속 위험 신호가 감지됐다는 건 관심 있는 사람이라면 다 아는 사실이다. 중국의 '빈집' 문제는 시한폭탄으로 지목돼 왔다.

지금까지는 그래도 중국 정부가 통제 경제와 통계 은폐 등으로 폭발을 잘 막아 온 듯하다. 그런데 미국과 무역 전쟁에 따른 경기 둔화로 중국에서 빈 아파트가 계속 늘어나고, 코로나 19 사태까지 겹치면서 이제는 정말 '버블'이 터질 때가 됐다는 분석이 전문가들로부터 심각하게 제기된다. 중국의 부동산발 금융 위기는 단순히 중국에서 끝날 문제가 아니라 세계 경제 위기로 번질 수 있다는 지적이 나오는 만큼, 세계 각국 정부와 경제 예측 기관들이 주시하는 부분이다.

중국의 부동산 버블과 빈집 사태에는 개발 독재와 중국인의 유별난 '땅 사랑'이라는 두 가지 요인이 복합적으로 작용했다. 집과 땅에 애착이 큰 중국인 특유의 기질 때문에 자금이 부동산에 집중되며 투기 형태를 보인 데다, 이런 경향이 개발 독재 경제의 특징인 건설 붐과 맞물리면서 인류사에서 보기 어려운 괴이한 형태의 난개발이 빠른 속도로 이뤄졌다. 주요 개발 지역에서는 아파트 한 채가 아니라 아예 한 동에 투자하는 사례들도 보고됐다.

2007년 시행에 들어간 중국 물권법은 사실상 영구적인 사유 재산권을 인정함으로써 중국식 '사회주의 자유경제'라는 모순된 제도를 정착시켰고, 건설 붐과 함께 종잣돈을 부동산 시장에 몰리게 했다. '부동산 불패'라는 신화가 중국인의 머릿속을 지배해 부동산 광풍이 중국 전역을 휩쓸었으며, 빈부 격차는 더욱 심화했다.

지금 그 결과는 재앙과 같은 모습이다. 빈집과 유령 도시가 속출하고 있다. 중국 전체 도시 주택의 5분의 1이 사람이 안 사는 빈집이라는 조사 결과도 있었다.[31] 5천만 채가 넘는 엄청난 규모다. 2020년 들어서는 빈집 규모가 무려 6,500만 채에 달한다는 추정까지 나왔다. 공동 주택이 많기 때문에 빈집뿐 아니라 빈 상가도 함께 늘어나면서 도시들이 유령 도시로 변하는 양상이다. 외국 방송사들은 이런 유령 도시의 신기한 모습을 경쟁하듯 다큐멘터리로 만들어 방영하기도 했다.

베이징, 상하이, 선전 등 대도시에 이어 신흥 도시까지 휩쓴 투기 자본은 국내에서 투자처를 더 찾지 못하자 미국, 캐나다, 한국, 동남아시아 등 세계 각지로 손길을 뻗쳤다. 하지만 이러한 부동산 버블은 막대한 가계 부채와 맞물려 금융 경색, 경기 하강 국면을 맞게 되면 상상을 뛰어넘는 부정적 충격을 일으킬 수 있다. 코로나 19 사태는 버블 폭발을 더욱 부추기는 악재다.

각국 정부와 금융 기관, 연구소 등은 중국 부동산 버블이 세계 경제에 가져올 위험성을 계속 경고 중이다. 중국 부동산 버블이 당장

공동(共同) 주택의 공동(空洞)화 — 중국의 유령 아파트

터질 것이라고는 장담할 수 없다. 하지만 중국 당국의 은폐 속에서 중국 부동산 시장이 파국으로 향해 빠르게 달려가고 있다는 전망이 힘을 얻는 것은 분명해 보인다.

글로벌 엑소더스, 한국에 호재 되려면

미국의 잇따른 중국 제재와 압박, 중국의 불공정한 경제 관행과 기술 이전 강요 등은 중국에 투자한 기업과 돈을 떠나게 만들고 있다.

앞서 미국이 중국을 공격하는 것은 단순한 무역 전쟁이 아니라 세계 제조 공급망 재편이면서 세계 패권과 궁극적 생존권을 둘러싸고 미래 기술을 선점하려는 외나무다리 싸움임을 앞에서 거듭 설명했다. 미국의 동맹국들은 이런 본질을 이해하고 동조하고 있으며, 최소한 미국 편에서 밀려나지 않으려는 이유에서라도 한배를 탔다. 몇 년의 이득을 위해 중국 편에 서는 것은 세계 자유무역 시스템과 금융망, 제조 유통망에서 중국과 함께 밀려나는 것을 의미하기 때문이다.

미국 트럼프 행정부의 거침없는 공세는 유효했다. 미국은 물론 미국 동맹국들에 속한 글로벌 기업과 금융사들이 공장과 돈을 중국에서 빼내고 있다. "이제 메이드 인 차이나 시대는 끝났다"는 말까지 나올 정도다.

우한발 코로나 19 사태도 미국의 제조 공급망 재편 작전에 힘을 실어 주었다. 모두가 중국의 저렴한 인건비에 의존해 '계란을 바구니 하나에 담은' 실책이 코로나 19 확산에 따른 중국 생산망 마비로 눈앞에 드러났다. 별것 아닌 마스크 하나 만드는 데도 중국 시설이 필요할 지경이다. 뒤늦게나마 실수를 깨달은 세계 각국 기업들은 미래 생존을 위해 공장을 중국 밖으로 옮기고 있다. 가파른 인건비 상승과 중국 당국의 불공정한 요구, 기술 이전 강요 등에 지친 글로벌 기업들은 그전부터 이미 생산 시설을 옮겼거나 이전을 검토 중이었다. 트럼프 행정부의 관세 폭탄이 탈출 결정을 부추겼고, 남아 있던 일말의 망설임을 바이러스가 사라지게 했다. 이른바 중국 엑소더스(China Exodus)다.

이제 중국에서 물건을 만들면 미국과 그 동맹국에 팔기 어려운 환경으로 변해 가는 중이다. 삼성전자, 인텔, 닌텐도, 샤프, 교세라 등은 공장을 베트남, 태국을 비롯한 동남아시아 국가들로 옮겼으며 추가 이전도 계획 중이다. 애플의 아이폰 제조 부문, 마이크로소프트, 구글, 아마존, HP, 델, 파나소닉, 카시오, 세이코도 생산 시설 상당수 또는 일부를 중국에서 철수하는 방안을 검토 중이다.

중국 측 통계를 봐도 전체 무역액에서 외국 자본이 차지하는 비중은 평균 40퍼센트 수준으로 나타난다. 이들 외국 기업이 고용하는 근로자 숫자도 상당한 만큼, 글로벌 기업들의 대탈출은 중국 경제에 큰 타격일 수밖에 없다.

삼성전자를 이미 거론했지만, 이미 사드 배치 논란 당시 상식을 넘는 중국의 비민주적 횡포에 당했던 우리 기업들도 미련 없이 탈출 대열에 합류했다. LG생활건강, 오뚜기, 롯데홈쇼핑, 현대홈쇼핑, CJ오쇼핑, 삼성물산 패션 부문, 이랜드그룹 등이 중국 내 생산 시설 또는 판매 시설 등을 없앴다.

심지어 중국 기업인들조차 중국을 떠나는 현상이 나타난다. 〈뉴욕 타임스〉는 2019년 중국 기업인과 부호 465명을 상대로 한 조사에서 절반에 가까운 응답자가 이민 절차를 이미 시작했거나 이민을 검토 중이라고 답했다고 보도했다.[32] 공산당의 감시와 간섭이 심하고 정부가 국영 기업에 특혜를 주는 환경에 지쳤기 때문이다. 당과 정부의 눈밖에 나면 신변에 위험을 느끼기도 한다.

중국에서는 기업인과 재벌 등이 갑자기 실종됐다가 돌아오거나 심지어 없어졌다 사망한 채로 발견되는 사례가 종종 있다. 후진적인 부패 관행 속에 정경 유착의 희생자가 된다는 지적도 있다. 이미 외부에 널리 알려진 사례가 많다. 하이항(海航)그룹 창업자 왕젠(王健)이 프랑스에서 갑자기 실족사했고, 보시라이(薄熙來) 전 충칭(重慶)시 서기의 돈줄로 알려진 쉬밍(徐明) 다롄스더(大連實德)그룹 창업자는 뇌물 혐의로 징역형을 살다가 출소를 앞두고 숨졌다. 밖으로 알려진 사인은 급성 심근경색이었다. 우샤오후이(吳小暉) 전 안방(安邦)보험그룹 회장, 샤오젠화(肖建華) 밍톈(明天)그룹 회장, 양즈후이(仰智慧) 란딩(藍鼎)국제개발 회장 등은 갑자기 실종됐다가 나중에야 부패 혐의로 당국에 붙잡혀 수사 중이라는 소식이 들렸다. 판구(盤古氏)인베스트먼트 지배주주인 궈원구이(郭文貴)는 숙청 위기에서 벗어나 미국 뉴욕으로 도피한 뒤 호화 아파트에 살며 중국 공산당에 대한 폭로전을 펴고 있다.

이처럼 중국 내부의 문제점은 미국의 중국 압박 작전과 더불어 글로벌 기업들을 떠나도록 만들고 있다.

중국은 '반도체 굴기'란 구호를 내걸고 D램 업체인 푸젠진화, 낸드플래시 전문인 칭화유니 등을 앞세워 메모리 산업에서 한국 삼성전자와 SK하이닉스를 추월하려고 전력을 쏟고 있다. 메모리 산업은 중국 제조 2025와 국방 기술력 확보에서 매우 중요한 부분이다. 하지만 업계 전문가들이 전해 준 바에 따르면 중국의 '메모리 굴기'는 과장됐거나 왜곡된 것이다. 메모리 반도체 생산 역량은 신경 쓰지 않아도 될 수준에 머물고 있으며, 미국의 중국 제재가 계속되면서 메모리 굴기는 사실상 무산된 것으로 본다는 게 전문가들의 견해다.

이는 시간이 지날수록 경쟁자인 한국 기업들에 호재로 작용할 것이다. 물론 여기에는 한국이 계속 미국의 굳건한 동맹으로서 신뢰를 받느냐는 전제 조건이 따른다.

중국의 아킬레스건, 식량과 에너지난

중국 전체가 기근에 시달리던 1958년 한 농촌 마을. 중화인민공화국 창시자이자 독재자의 대명사 중 하나인 마오쩌둥 주석이 시찰을 왔다.

마오쩌둥은 낟알을 쪼아 먹는 참새를 발견하고 "저 새는 해로운 새"라고 말한다. 그리고 전국에 참새 소탕령을 내린다. 가상의 적을 창조하고 책임을 돌려 아군이 처한 위기를 탈출한다는 전형적 좌파 혁명 수법이었다.

결과는 어떻게 됐을까? 해충의 천적인 참새가 사라지자 오히려 인류 역사상 최악의 대기근으로 사태가 악화한다. 참새 소탕 작전이 시작된 지 3년 만에 수천만 명이 굶어 죽은 것으로 추산됐다. 서방 학계에서는 당시 중국에서 무려 4천만 명이 아사했다는 기록도 있다. 무오류의 독재자였던 마오쩌둥조차 결국 고개를 숙이고 소련으로부터 참새 20만 마리를 빌려오는 촌극을 연출했다.

중국몽을 꾼다는 21세기 중국에 이런 식량난의 비극이 다시 올 가능성이 제기된다면 믿을 수 있겠는가? 그런데 놀랍게도 실제로 이런 전조가 감지된다.

못 먹이면 민심은 폭발한다

기후 변화와 질병의 역습, 미국과의 무역 전쟁 등으로 인해 중국은 몇 년 전부터 식량 부족 현상이 가시화하는 중이다. 중국인의 주식인 콩, 돼지고기, 밀 등의 생산에 문제가 생기고 있다는 소식이 잇따른다.

기후 변화로 인한 식량 생산량 감소가 우선 큰 문제다. 중국은 몽골 못지않게 사막화가 빠르게 진행되는 나라 중 하나로 꼽힌다. 심한 건조화를 겪는 황무지까지 포함하면 국토의 절반에 가까운 면적이 농경과 개간이 불가능한 쓸모없는 땅으로 변해 가는 중이다. 네이멍구(內蒙古)를 비롯한 북방 지역뿐 아니라 장시(江西), 푸젠(福建), 쓰촨(四川), 충칭 등 남부 지역의 주요 성·자치구 등에서 사막화가 빠르게 진행되고 있어 심각성을 더한다.

이런 상황에서 14억 인구를 먹여 살리려면 식량 수입을 늘려야 하는데, 이는 미국과의 무역 전쟁에선 악재다. 중국이 콩과 옥수수 등을 가장 많이 수입하는 곳이 미국 또는 미국 업체이기 때문이다.

트럼프 대통령의 정치적 텃밭인 미국 팜 벨트(Farm Belt)에 타격을 주려고 미국 농산물 수입을 줄이면, 미국은 경제적 손실을 보지만 중국은 생존권 자체가 흔들린다. 특히 콩은 필수 식단 두부의 원료인데다 중국 요리의 '꽃' 돼지에 먹이는 사료다. 중국은 콩 소비 세계 1위다. 이는 미국과의 무역 전쟁에서 이길 수 없는 또 하나의 이유로 작용한다.

실제로 중국에서는 미국과 무역 전쟁 이후 이상한 장면이 곳곳에서 나타났다. 상하이를 비롯한 대도시 마트에서 돼지고기를 서로 가져가려고 사람들이 몸싸움을 벌이는 모습이 서방 방송에 방영된 것이다. 돼지 공급이 부족해서 생긴 돼지고기 대란이다. 주된 원인은 2018년 8월 동북 지역 선양에서 발생한 아프리카 돼지 열병(ASF)이 중국 전역을 휩쓸면서 폐사한 돼지가 많았기 때문이다.

미국과의 무역 전쟁은 사태를 더욱 악화시켰다. 중국은 2018년 미국과의 관세 전쟁이 시작되자 미국산 콩에 보복 관세를 매겼다. 그러자 돼지 사료인 콩 가격이 오르면서 돼지고기 값도 덩달아 뛰었고 아르헨티나, 러시아 등 대체 수입원들도 기상 악화나 돼지 열병 등으로 콩과 돼지고기 수입이 어려워졌다.

그 결과 돼지고기가 부의 상징처럼 돼 버렸다. 중국 중앙 정부와 지방 정부는 돼지 농가에 보조금을 지급해 생산을 독려한 데 이어 구매량 제한, 배급제 도입, 돼지고기 소비 절제 캠페인 등까지 검토했다.

돼지고기는 안 먹어도 불만이 쌓일 뿐 참을 수는 있다. 그런데 사람이 직접 먹는 쌀, 콩, 밀 등 곡물에 직접 피해가 가는 대재앙 가능성이 제기됐다. 바로 메뚜기 떼, 중국 말로 황충(蝗蟲) 무리의 습격이다.

2019년 말 동아프리카에서 발생한 엄청난 수의 메뚜기 떼가 케냐, 소말리아, 에티오피아를 초토화하고 중동을 넘어 중국과 국경을 맞댄 인도와 파키스탄에까지 상륙해 피해를 주고 있다. 중국 당국은 이 황충 떼가 중국까지 올 확률은 작다고 전망하면서도, 만약 2020년 하반기에도 메뚜기 떼가 잦아들지 않으면 시짱(티베트)자치구, 윈난성, 신장위구르자치구 등을 통해 유입될 가능성을 배제하지 않는다.

일개 곤충이라고 하지만 메뚜기의 크기와 군집의 크기, 피해 정도는 상상을 초월한다. 이 메뚜기 떼는 무리를 이루면 개체 크기가 손바닥만 하게 커지고 성질도 난폭해져 대부분의 곡물류를 가리지 않고 먹어 치운다. 메뚜기는 기류를 타면 하루 최대 150킬로미터까지 이동할 수 있고, 1평방킬로미터 면적의 군집이 3만 명 넘는 사람을 먹일 식량을 하루에 해치운다고 알려졌다. 황충 떼 발생은 기후 변화로 인한 온난화와 사막화, 천적인 조류 감소가 원인인데, 중국은 공해와 환경 오염 발생의 진원지로 지목되는 만큼 스스로 부른 재앙이라는 비판까지 나온다.

황충 떼가 중국을 덮쳐 식량난을 가중할 가능성을 낮게만 볼 수없는 것은, 과거 중국사에서 실제로 황충의 습격에 왕조가 흔들린 기록이 심심찮게 발견되기 때문이다. 심지어 우리나라 『삼국사기』나 『조선왕조실록』 등에도 황충 떼가 중국을 지나 한반도에까지 날아와 피해를 준 기록이 적지 않을 정도다. 중국에선 당 태종이 황충 습격 피해를 통치자의 부덕으로 자책하고 황충을 꿀꺽 삼켰더니 재해가 사라졌다는 고사까지 전해진다. 미국 소설가 펄 벅(Pearl S. Buck)의 『대지』에서는 농민들이 피땀 밴 곡식을 지키려 황충 떼와 사투를 벌이는 장면도 묘사된다. 메뚜기 말고도 밤나방 애벌레의 확산으로 주요 농작물 작황에 차질을 빚고 비료 부족 현상까지 나타난다는 소식이 들린다.

코로나 19 사태는 중국의 식량 위기를 더욱 부추겼다. 유엔 식량농업기구(FAO)는 2020년 3월 말에 코로나 19 사태로 조만간 세계적 식량 위기가 올 수 있다고 경고했다. 곡물 및 채소 생산과 운송, 가축 사육 등이 코로나 확산으로 어려워진 데다 태국, 베트남, 캄보디아, 러시아 등 주요 식량 수출국들이 곡물 등의 수출을 잠정 중단했다. 세계 주요 예측 기관들은 만약 식량 무역에 지장이 생기면 중국과 일본, 한국, 중동 국가들이 타격을 볼 것으로 예상한다.

인류사에서 제국과 왕조는 백성을 먹여 살리지 못할 때 무너졌다. 톈안먼 사태 직전에도 콩 공급이 불안정했다는 서방 언론의 분석이 있다. 시진핑 정권과 중국 공산당은 거대하고도 본질적인 위기에 직면한 셈이다.

장기전 발목 잡을 에너지난

중국 경제는 금융 위기 조짐, 부채와 부동산 폭탄, 식량난 외에도 치명적인 약점이 있다. 바로 에너지 부족 현상이다.

유일 강국의 자리를 두고 1등과 2등이 맞붙으면 어느 한쪽은 쓰러져야만 한다. 외나무다리 싸움에서는 경제 전쟁은 물론 최악의 경우 국지전과 전면전도 수행할 수 있어야 하는데, 여기에서 가장 중요한 게 바로 에너지다. 에너지 자급을 할 수 없는 나라는 절대로 패권국이 될 수 없다. 이는 모든 국제 문제 전문가가 동의하는 명제다. 에너지는 안보 그 자체다.

중국은 산유국이긴 하지만 미국이 조성한 자유무역 경제 체제에 편입돼 '세계의 굴뚝'으로 거듭나면서 공장을 돌리는 데 막대한 에너지가 필요해졌다. 그 결과 지금은 전력을 비롯한 에너지 부족을 걱정하는 처지다.

중국의 원유 자급률은 개방 전에는 자족 가능한 수준이었으나, 제조 국가이자 수출국으로 변신한 지금은 원유 수요 급증으로 자급률이 크게 떨어졌다. 신뢰성이 떨어지는 중국 자체 통계에서조차 2013년까지 90퍼센트 수준을 유지하던 에너지 자급률이 최근에는 70퍼센트대 수준까지 하락한 것으로 나타났다. 서방에서는 중국이 안보상 이유로 에너지 자급률을 부풀려 발표할 뿐 실제 수치는 50퍼센트를 밑돌 것이라는 추정도 나온다.

낮은 에너지 자급률은 한갓 에너지 부족을 넘어 안보 위협 요소가 된다. 해외에서 에너지를 공급받지 못하면 경제가 무너지는 것은 물론 국방과 체제 자체가 뿌리째 흔들릴 수 있다는 말이다. 급속한 산업 발전이 오히려 중국의 아킬레스건이 된 것이다.

중국은 미국과 무역 전쟁이 한창이던 2019년 6월에도 미국산 원유 수입량을 늘려야 할 정도였다. 콩을 비롯한 식량과 마찬가지로, 석유는 미국의 무기인 반면 중국에는 약점이다. 중국이 미국으로부터 원유와 농산물을 공급받지 못하면 국가 전복 사태가 일어날 수도 있다.

중국에 더 큰 위협은 세계 에너지 수송망과 보급로를 미국이 장악하고 있다는 사실이다. 유사시 적대적 정면 대립이 발생하면 미국은 중국으로 들어가는 에너지 보급선을 끊는 작전 수행이 가능하다. 전면전 없이도 상대를 무너뜨릴 카드를 보유한 것이다. 마치 중세 전투에서 공성전(攻城戰)을 벌일 때, 희생을 감수한 돌격 대신 성을 에워싸고 보급로를 차단한 뒤 기다리는 방식과 같다.

세계 최강 미국 해군이 원유와 천연가스 보급로를 맡아 지키는 덕분에 세계 에너지의 순환 유통이 가능하다. 미국은 자국산 원유 수출을 제한하는 카드 외에도 해군이 장악한 중동 지역의 원유가 세계 시장에 제대로 풀리지 못하게 만들 충분한 힘이 있으며, 이는 중국을 항상 위태롭게 만드는 요인이다. 실제 미국은 2019년 중국과의 무역 전쟁 때 이란의 원유 수출을 제재했다. 이란산 원유는 중국은 물론 일본, 한국까지 동아시아 3국의 주요 공급원이다. 중국은 당연히 원유 부족 현상에 시달렸을 것이고, 이것이 중국의 미국산 원유 추가 수입 결정에 작용했을 것으로 분석된다.

이란은 중국의 일대일로 프로젝트에서 중동의 거점 국가이고 중국과 이란은 협력 우호국이다. 두 나라 모두 미국이 당연히 '공적'이다. 미국은 이란 원유 수출 제재로 이들 두 개의 적을 동시에 견제하는 전략을 구사 중이다.

남미의 주요 산유국인 베네수엘라도 중국 일대일로의 남미 거점 국가다. 미국이 베네수엘라 독재 정권의 숨통을 조이는 것도 중국 죽이기와 관련 있다. 국제 문제에서 일어나는 현상들은 각자 따로 존재하는 게 아니라 모두가 연결돼 있다.

중국도 이런 약점을 잘 알고 대비에 많은 힘을 쏟고 있다. 일대일로를 추진하는 주요 이유 중 하나도 에너지 보급선 확보다. 태양광, 풍력 등 신재생 에너지 사업도 전략적으로 육성 중이다. 하지만 타고난 조건이 상대보다 크게 불리한 건 노력으로 메울 수 없다. 경량급복싱 선수가 아무리 근육과 스피드를 키워도 헤비급 선수를 이길 수는 없다.

특히 셰일 가스 혁명은 미국의 에너지 주도권에 날개를 달아 줬다. 석유 유통망에 이어 생산 구조마저 장악한 미국은 중동 대신 '최대 위협' 중국에만 집중할 수 있게 됐다.

완벽한 에너지 자급은 물론 수출량 조절을 통해 유가마저 조정할 수 있게 된 미국은 적성국 이란의 원유 수출을 완전 봉쇄하는 게 현재 목표다. 이란과 중국이라는 두 마리 토끼를 잡을 수 있는데다, 미국 원유 수출을 늘리고 가격도 적정선에서 높게 유지할 수 있기 때문이다.

미중 간 에너지·자원 전쟁과 관련해 코미디 같은 해프닝도 있었다. 중국이 거의 독점 생산하다시피 해 온 희토류(稀土類)를 무역 전쟁의 무기로 쓰겠다고 협박하자, 중국 언론은 물론 우리 언론까지도 이를 받아 썼다. 희토류란 반도체, 스마트폰, 전기차 등 첨단 제품과 전투기, 레이더 등에 꼭 필요한 희귀 광물들이다. 미국 역시 필요한 희토류 대부분을 중국에서 수입해 썼다. 피상적으로만 보면 중국의 말이 그럴듯하게 들릴 수도 있다.

그런데 사실은 자원의 보고인 미국에도 엄청난 양의 희토류가 매장돼 있다. 미국은 한때 세계 최대 희토류 생산국이기도 했다. 문제는 희토류를 정련 가공할 때 엄청난 환경 오염 물질이 나온다는 점이다. 그래서 미국은 환경 파괴·혐오 시설에서 생산하는 희토류를 중국에서 수입해 썼다. '자원=안보'라는 인식에서 희토류 자원을 아낀 측면도 있을 것이다.

미국 정부는 2019년 중국의 희토류 무기화 엄포가 나오자, 지난 수십 년 간 사실상 가동하지 않았던 희토류 개발 및 가공 사업을 재개하도록 행정 절차를 마련하기로 했다. 문제는 미국 기업들이 희토류 사업에 참여하기에는 가격 경쟁력 측면에서 중국에 열세라는 점이다. 이에 따라 2020년 들어 미국 정부는 자국 희토류 기업을 육성하고자 보조금을 주기로 했으며, 상원에서는 희토류 개발 프로젝트에 참여하는 기업들에 세금 감면을 비롯한 여러 지원을 해 주는 법안을 내났다.

과거에도 중국의 엄포는 촌극으로 끝났던 사례가 적지 않았다. 사회주의 독재 국가의 블러핑은 항상 내막과 진실을 알아봐야 한다.

역병의 역습, 붕괴에 가속 페달

자가 복제도 못 하는 일개 바이러스가 세계사에 대변혁을 앞당길지도 모를 주연 배우로 나섰다. 중국 후베이성 우한에서 발생해 세계로 확산한 신종 역병이 중국 경제 붕괴를 가속화하는 것은 물론 일당 독재 체제 유지에도 악재로 떠올랐다. 코로나 바이러스 감염증 2019가 일으킨 대재앙이다. 자업자득이다.

중국 내 역병 확산으로 내수와 수출 경제 모두 패닉에 빠졌다. 관광업과 항공 산업은 물론 제조업에도 엄청난 쇼크가 오면서 매출이 크게 줄었다. 안 그래도 침체해 가던 중국 경제가 직격탄을 맞았다. 중국 관영 예측 기관들만 "사스(중증 급성 호흡기 증후군) 때보다는 낫다"는 주장을 내놓지만, 세계 각국 경제 연구소들에서는 중국이 금융 위기에 이어 식료품·생필품 부족으로 스태그플레이션(경제 불황 속 물가 상승) 사태까지도 맞을 수 있다는 분석이 나온다. 스태그플레이션 국면에 접어들면 중국은 전가의 보도인 통화 재정 정책을 쓰기 힘들어진다.

경제는 민심에 좌우된다. 민심이 흉흉해지고 위기감이 높아지면 개인들의 뱅크 런 사태로 번지고, 중국 기업들의 디폴트가 잇따르면서 중국 경제가 뇌사 상태에 빠질 가능성이 커진다. 만약에 경제난에 식량난과 에너지난까지 겹치면 대규모 소요나 폭동 사태가 발발할 수 있다. 이미 코로나 19 진원지인 우한에서는 중국 당국의 강압적인 언론 통제에도 잇따르는 폭동 소식이 외부로 새어 나온다.

2002~2003년 중국을 강타한 사스 때도 중국 경제 성장률이 급락했는데, 이번에는 최소 필요 수준인 6퍼센트대 성장률도 물 건너갔다고 전망된다. 이미 2020년 3월 무렵부터 IMF는 2020년 중국 경제 성장률 전망치를 6퍼센트에서 5.6퍼센트로, OECD는 5.7퍼센트에서 4.9퍼센트로 하향 조정했는데, 이것도 달성하기 어려울 것이란 관측이 제기된다. 이미 거론했듯 코로나 19가 창궐한 2020년 1분기 GDP는 사상 최저이자 44년 만에 마이너스 성장을 기록했다.

코로나 19 사태는 여기에서 끝날 문제가 아니다. 미국의 중국 죽이기 캠페인과 맞물려 중국에 엄청난 재앙을 몰고 올 수 있다. 미국과 그 동맹국들이 중국 정부의 대응 실기(失機) 책임을 물어 대규모 소송과 경제 제재에 나설 가능성이 커졌기 때문이다. 이미 민간 차원의 소송은 시작됐다.

중국 우한의 바이러스 연구소에서 인위적으로 신종 바이러스를 만들었다는 의혹이나 음모론은 그것이 사실이라고 해도 입증하기 어려우므로 소송의 대상은 아니다. 하지만 중국 정부의 대응 방식은 글로벌 스탠더드 차원에서 문제가 된다. 중국 책임론을 놓고 미국과 중국이 일찌감치 공방에 들어간 건 바로 이런 배경에서다. 미국은 대통령까지 나서서 이 코로나 바이러스를 '중국 바이러스(Chinese virus)'라고 명명했고, 중국은 당국자와 관영 언론을 내세워 "중국이 발원지가 아닐 수 있다"며 발뺌할 근거를 만들었다.

방역·감염병 전문가들의 견해를 직접 들어 보니, 이들은 코로나 19 사태가 더운 여름에 잠시만 주춤할 뿐, 이후로도 계속될 것으로 본다고 입을 모았다. 이 경우 팬데믹(세계적 대유행)으로 전 세계 사망자가 100만 명을 넘을 가능성이 있다는 게 이들의 설명이다.

그렇게 될 경우 세계 무역은 정체되고 글로벌 경기는 사상 최악의 불황으로 치달을 수 있다. 피해가 큰 나라들은 인명 피해와 사회적 타격, 천문학적 경제적 손실의 책임을 중국에 물을 확률이 높다. 중국이 조기에 발뺌을 시작했던 이유다. 자칫 잘못하면 국제 사회의 공적이 될 위기에 몰린 것이다.

그래서 중국은 프롤레타리아 혁명 전술의 기본기인 '사실 왜곡'에 나섰다. 이탈리아, 독일 등이 발원지일 수 있다는 설을 부각시키거나, 중국 외교부 대변인이 뚜렷한 근거도 없이 "미군이 우한에 코로나 19를 가져왔을 수 있다"는 무책임한 주장을 하기도 했다. 하지만 중국이 의도적으로 바이러스를 실험한 게 아니라 해도 바이러스 확산의 근원지가 중국 우한이라는 사실은 숨길 수 없다.

미국을 비롯한 서방 선진국들은 중국에 책임을 묻기 위해 어떤 부분을 문제 삼을까?

바로 중국 정부가 감염 관련 정보 은폐와 왜곡, 대응 실패로 전 세계에 피해를 줬다는 사실이다. 중국이 사태 초기 우한에서 바이러스가 창궐하고 확산할 때 제대로 방역과 봉쇄 조치를 하고 다른 나라에 정확한 정보를 줬다면 이번 사태는 팬데믹으로 번지지 않았을 것이라는 점이다. 최소한 선진국들은 미리 대응하고 통제할 준비를 할 수 있었다.

실제로 중국은 2019년 12월부터 발생이 보고된 이 '괴질'을 제대로 알리거나 대응하지 않았다는 비판을 받는다. 로이터 통신 등의 보도에 따르면 로버트 오브라이언 백악관 국가안보보좌관은 2020년 3월 헤리티지 재단 주최 행사에서, 중국이 초기에 우한 바이러스 발생을 은폐해 세계에 확산시켰고, 이로 인해 세계 전체가 두 달 동안 시간을 허비하며 엄청난 비용을 치렀다고 지적했다. 세계보건기구(WHO)는 2019년 12월 31일 우한에서 원인 불명 폐렴이 발생했다고 보고했고, 중국 정부는 1월 초에야 '우한 폐렴'의 원인을 신종 코로나 바이러스로 확인했다고 보고했다.

중국 정부는 사태 초기에 전염성, 전파성, 증상이 심각할 수 있다는 정보를 제대로 알리지 않았다. 따라서 발원지인 후베이성 거주민을 포함한 중국 인민들은 2019년 12월~2020년 2월 사이에 국내는 물론 외국까지도 자유롭게 돌아다녔다. 중국 당국은 최대 명절인 춘절(설날) 분위기를 망치지 않겠다는 의도를 내비쳤고, 엄청난 숫자의 중국인이 한국, 일본 등 인접국은 물론 유럽, 미국 등으로까지 쏟아져 나왔다. 중국 당국이 초기 방역과 억제 의무를 방기한 것으로 볼 수밖에 없는 대목이다. 심지어 미국 하버드대 연구진은 코로나 19가 더 일찍 이미 2019년 8월에 우한에서 발생했을 가능성이 있다는 연구 결과를 내놓기도 했다.

특히 홍콩을 탈출한 옌리멍(閻麗夢) 홍콩대 면역학 박사가 2020년 7월 폭스 뉴스에 출연해 중국 정부와 WHO가 2019년 12월 말 코로나 19의 인수(人獸) 공통 감염 사실 등을 비롯한 위험성을 알고도 이를 은폐했다는 증거가 있다고 주장해 파문이 커지고 있다.

미국에서는 이미 공식 조사단을 만들자는 여론이 일고 있으며, 민간과 기업에서는 대규모 국제 소송을 이미 시작했거나 준비 중이다. 진상 조사를 통해 중국 정부가 의도적으로 초기 대응 국면에서 여론 동요를 막는 데만 치중해 거짓말을 했다거나 중국인 해외 이동을 방치했다는 증거가 나오면 미국과 동맹국들은 정부 차원에서 중국 당국을 대상으로 국제 소송을 걸 전망이다.

물론 중국은 거세게 반발하며 미국이 주도하는 소송에 응하지 않겠지만 결국 판결은 중국의 책임을 묻는 쪽으로 날 것이고, 이를 근거로 미국이 각종 제재에 착수하는 시나리오가 진행될 가능성이 작지 않다. 영국 정부 역시 '중국의 거짓말'로 큰 피해를 봤다며 반발하고 나섰다. 이탈리아 의회와 독일에서도 중국 책임론을 제기하는 목소리가 들린다. 미국의 동맹국들도 소송과 제재 대열에 합류할 가능성이 커졌다는 뜻이다.

언제나처럼 음모론도 빠지지 않는다. 미국의 경제적 압박으로 코너에 몰린 시진핑 정부가 치명적 바이러스를 일부러 미국을 비롯한 서방 세계에 살포하는 생화학전을 시도한 것이라는 음모 시나리오가 일각에서 제기된다. 중국 정부의 부적절한 초기 대응이 이런 음모론에 빌미를 제공했다. 이런 종류의 음모론에서는 코로나 사태로 미국 경제와 정치권이 더 큰 타격을 입고 중국과 경제 전쟁을 계속할 힘을 잃겠지만, 미국 역시 더 강경한 방식으로 대응할 가능성 등을 점친다.

한편 코로나 19로 심각한 타격을 받은 나라 중 다수가 일대일로의 거점이면서 중국인 왕래가 잦은 지점인 점도 주목받는다. 유럽에서 가장 피해가 큰 나라 중 하나인 이탈리아는 일대일로 프로젝트의 서유럽 허브다. 중동의 일대일로 핵심 지역인 이란 역시 코로나로 큰 피해를 봤다. "일대일로는 바이러스 로드(Virus Road)"라는 말이 나올 정도다.

'중국 보건기구'라는 조롱까지 받는 WHO의 수장 테워드로스 거브러여수스 사무총장은 중국 편을 들며 늑장 대응과 정보 왜곡에 일조했다는 비판을 받는다. 그는 일대일로의 아프리카 핵심 경로 중 하나인 에티오피아 국적으로 중국과 유착 의혹이 제기돼 사퇴 압력을 받고 있다. 트럼프 미국 대통령은 WHO가 제 기능을 하지 못할 뿐 아니라 중국의 통제와 지시에 따라 행동한다고 비판하면서 지원 전면 중단을 선언했고, 결국 미국 정부는 2020년 7월 WHO 탈퇴를 공식 선언했다. 브라질도 미국 정부의 이런 움직임에 동조할 뜻을 내비쳤다.

코로나 19 팬데믹은 쉽게 잡히지 않을 것이라는 게 전문가들의 전망이다. 이에 따라 세계 각국의 경제는 큰 타격을 입을 수밖에 없고,

미국과 중국은 바이러스 진원지와 중국의 대응 적절성 문제를 놓고 신경전을 더욱 강화할 가능성이 크다. 미국과 중국의 극한 충돌에 바이러스까지 가세해 기름을 붓는 형국이다.

한계점 온 사회주의 독재

중화인민공화국은 현재 지구상 최대의 독재 국가다. 공산당 일당 독재 체제이고 언론, 종교, 사상의 자유가 제대로 보장되지 않는다. 경제적으로는 소수 지배층이 다수를 착취하는 사회다. 사회주의 선동가들이 선전해 온 유토피아와는 정반대 모습이다.

사회주의는 평등을 추구한다는 명분을 내세워 만든 시스템이지만, 역사 속에서 실제 모습은 한결같이 소수 지배층이 부를 독점하고 나머지는 가난과 고통에 시달리는 구조로 나타났다. 무너진 소련이 그랬고, 지금 중국뿐 아니라 북한도 마찬가지다.

사회주의자들의 혀는 현란하고 약속과 정책은 당장 달콤해서 다수 대중이 속아 넘어가지만 그 끝은 언제나 참담했다. 사회주의 독재가 지구상에 출현한 이래 소련, 중국, 한반도, 캄보디아, 베트남 등에서 무수히 많은 사람들이 대량 학살과 전쟁 등으로 억울하게 목숨을 잃었다. 이것이 중국이 인류 이웃들과 함께 이루고 싶다는 '중국몽'의 실체다.

　나아가 중국몽은 일당 독재 정권의 기반을 더욱 강화함으로써 소수층의 권력 독점과 부의 집중을 획책하는 탐욕적 계획이며, 이웃 나라들과 공존하기보다 제국주의 확산을 통해 주변국을 위협하는 배타적 프로젝트다.

독재 정권은 오래 못 간다

14억 인구의 중국은 일단 외견상으로는 전체 경제 규모가 미국 다음이고 1인당 GDP도 1만 달러를 돌파했다. 그러나 중국 사회의 실상은 저런 수치가 무색할 만큼 실망스럽고 때로 처참하다. 21세기에도 많은 국민이 가난과 열악한 생활 환경, 후진적 시스템에 신음한다. 사회주의 체제임에도 양극화는 갈수록 심화하고 있고 서민들의 불만은 커지고 있다. 역사적으로 매우 자본주의적인 국민성과 강제 이식된 사회주의 이념이 곳곳에서 충돌하고 있으며, 자유와 인권을 탄압하는 정부에 대한 불만이 커지고 있다.

홍콩 민주화 시위, 이교도와 소수 민족 문제는 중국 체제 전복 운동의 시발점이 될 화약고로 떠올랐다. 농민공과 퇴역 군인 문제도 마찬가지다. 중앙 정부와 지방 정부의 부패와 후진적 행정은 국가의 효율적 발전을 저해하고, 공산당 내부에서는 계파 갈등이 계속되고 있다. 동서양을 막론하고 독재 정권이 무너질 때 일어나는 사회 현상들이 바야흐로 동시다발로 일어나는 중이다. 중국의 급격한 변화를 주시해야 할 때이다.

체제 존속 위협하는 '빈곤 속 양극화'

중국 대도시에 사는 부유층은 서방 선진국 국민 평균보다 훨씬 더 많은 부와 사치를 누리지만, 국토 대부분을 차지하는 중소 도시와 농어촌 지역의 일반 가정은 연간 1천 달러도 안 되는 수입에 허덕이는 사례가 적지 않다.

실제 소비하고 저축할 수 있는 돈을 뜻하는 1인당 가처분 소득은 여전히 낮다. 믿기 어려운 중국 통계에서조차 2018년 기준 약 4천 달러에 불과했다. 당시 5만 달러가 넘었던 미국과는 비교조차 할 수 없고, 멕시코와 비교해도 4분의 1 수준에 머물렀다.

차라리 모두가 못살 때는 괜찮았지만, 성장의 과실이 자본주의 국가들보다 오히려 더 불평등하게 분배되는 현상이 눈에 띄는 것은 중국 공산당 지도부를 초조하게 만들었다. 모두가 평등하게 잘산다는 사회주의 이념이 거짓임을 드러내는 살아 있는 지표가 됐기 때문이다. 이는 공산당과 시진핑 정권의 생존을 위협하는 요소다. 시진핑의 중국몽에서 14억 인민 모두의 의식주가 해결된 태평성대 '샤오캉 사회'라는 구호가 나온 것엔 이런 고민이 깔렸다.

하지만 시스템 자체가 모순인 것을 정책 수단으로 고칠 수는 없다. 불평등은 점점 심해질 것이고, 양극화한 계층은 결국 충돌할 수밖에 없다. 중국 역사는 항상 이런 충돌 요인으로 인해 나라가 쪼개졌다 합쳐졌다 하는 이합집산의 반복이었다. 독재 정권은 강력한 통제를 통해 민심 이반과 붕괴를 막아 보려 하겠지만, 인류사에서 강압으로 민심을 완전히 꺾은 적은 없었다.

중국몽과 샤오캉이 얼마나 허황된 구호인지 보여 주는 흥미로운 증거가 있다.

글로벌 투자 은행인 크레디트 스위스가 발표한 '2019 글로벌 부자 보고서'에서는 세계 상위 10퍼센트 부자 중 중국인의 숫자가 미국인을 앞질렀다. 보통 이런 통계는 좌파가 부의 불평등과 자본주의 시스템의 약점을 비판할 때 인용하는 수치인데, 사회주의 국가 국민들이 세계 챔피언을 차지하고 말았다.

중국 정부는 소득 불평등 척도인 지니 계수를 발표하는 것을 꺼린다. 불리하다 싶으면 통계 발표를 멈춘 해가 있을 정도다. 정상적인 현대 국가에서는 있을 수 없는 일이다. 가장 최근 발표한 통계는 2017년이 마지막이었다. 당시 지니 계수는 0.467을 기록해 불평등 정도가 '매우 심각함'을 나타내는 0.4를 훌쩍 넘어섰다. 참고로 한국의 지니 계수는 2011년 0.388에서 2018년 0.345로 꾸준히 낮아지는 추세다. 서방 학계에서는 중국의 실제 지니 계수가 0.7에 가까울 것이라는 분석도 있다. 이 정도 수치면 폭동이나 계층 간 무력 충돌 같은 극한의 사회 갈등이 일어날 수 있다. 이런 위험성을 절감한 중국 정부는 양극화 문제를 풀고자 애를 쓰고 있지만, 매우 복합적인 요인이 얽힌 상황이어서 해결이 쉽지 않다.

이처럼 사회주의의 근본적 한계와 독재 국가라는 태생적 맹점 속에서 극심한 양극화까지 겹친 중화인민공화국은 얼마나 더 수명을 이어갈지 의문이다. 중국의 실제 민심은 당국이 억지로 은폐한 것 이상으로 부글부글 끓고 있을 가능성이 적지 않다.

속물 자본주의와 사회주의 이념의 정면충돌

아파트 한 채 대신 한 동을 사들이고 벤츠를 굴리는 부자와, 하루 몇천 원 정도의 생계비로 가족 전체가 비루한 삶을 이어 가는 사람이 과연 같은 나라에서 함께 살 수 있을까?

중국에서 전자는 도시 부자, 후자는 이른바 '농민공(農民工)'으로 대표된다. 정상 국가라면 당장 폭동이 일어나겠지만, 중국에서는 이런 비정상적 상황에서도 국가 체제가 꽤 오래 이어지고 있다.

관건은 이런 불안한 체제가 언제까지 지속될 수 있을지다. 인류 역사에서 크게 불합리하고 괴상한 현상이 오랜 시간 지속한 적은 별로 없다.

오히려 중국이 개방하지 않은 채 다 함께 못살고 미개한 시스템을 현재도 지속하고 있다면 사회주의 독재 체제는 별 탈 없이 꽤 이어질지도 모른다. 하지만 중국 소득 수준이 상승할수록 시민 의식 역시 함께 올라가고, 휴대 전화와 인터넷 보급 확산으로 정보 유통량이 많아지자 소득 양극화에 대한 불만도 덩달아 커지고 있다.

사회주의와 자본주의는 동거하기 어려운 모순이다. 중국은 현재 맞지 않은 옷을 입고 있다. 서구식 자본주의와 한몸인 자유민주주의에 대한 이해와 기반 없이 받아들인 자유시장경제는 '속물 자본주의'로 변질해 중국인의 도덕성을 마비시켰고, 아무것도 모른 채 사회주의 이념을 충실히 따랐던 지방의 저학력·저소득층은 점점 박탈감을 느끼고 있다. 농민공들도 도시에 부동산을 사고 싶지만 하루가 다르게 급등하는 도시 집값에 좌절하고 만다. 날품과 막노동에 의존하는 농민공에게 도시 아파트는 이번 생에서는 만나볼 수 없는 신화 속 용과 같은 존재다.

게다가 폭등하는 집값과 물가는 물질 만능주의와 도덕성 마비를 가속화했다. 부부간 경제 문제를 둘러싼 갈등이 불거져 나오면서 이혼율이 2배가량 늘었다는 통계 조사도 나왔다.

이제 도시 부호들과 농어촌 빈민들 사이에 조성된 위화감은 최고조를 향해 달려가는 중이다. 누군가 툭 건드려 주기만 하면 폭발할 임계점이 얼마 안 남았다.

1989년 톈안먼 사태 당시에는 얼마나 많은 시민이 독재 정권의 총칼에 희생됐는지 통계조차 잡히지 않을 만큼 중국은 아직 개방되지 않은 통제 국가였다. 그러나 한 세대가 훌쩍 넘은 이제는 여건과 환경이 많이 달라졌다. 자본의 맛을 알고 인터넷을 접하며 자란 신세대들의 마음속에 정부에 대한 불만이 자라날 수 있다. 만약 지금 '제2의 톈안먼 사태'가 일어난다면 과연 과거와 같은 완벽한 통제가 가능할까? 만약 베이징이나 상하이 같은 대도시에서 시위나 소요 사태가 일어나고 중국 정부가 톈안먼 때처럼 탱크와 총칼을 동원해 진압한다면 어떤 돌발적 결과가 나올지 누구도 장담할 수 없다.

중국의 근현대사는 혁명과 분열로 점철된 역사였다. 다수인 가난한 사람들이 언제까지 소외감과 좌절감을 참아낼 수 있을까? 중국과 이해관계가 상충하는 나라들은 중국 체제가 노정하는 이런 약점을 어떻게 활용하려 할까? 우리나라를 비롯한 주변국들이 주시하며 면밀히 관찰해야 할 중대한 문제다.

거세지는 자유·인권 요구

갑자기 아버지가 집에 돌아오지 않는다. 친구를 만나러 나갔던 어머니가 소식이 끊겨 행방을 알 수 없다. 이런 나라에서 살 수 있겠는가?

바로 옆 나라 중국에서는 아직도 이런 무서운 일이 자주 일어난다. 중국에서 실종, 장기 매매, 불법 구금 등이 일어난다는 소식은 이제 뉴스가 아니다. 부랑자뿐 아니라 심지어 유명인들조차 소리 소문 없이 없어진다.

가장 유명한 것은 장웨이제(张偉杰) 실종 미제 사건이다. 유명한 미녀 아나운서였던 장웨이제는 1998년 돌연 실종됐고 현재까지 시신조차 발견되지 않았다. 장웨이제가 시진핑의 강력한 라이벌이었다가 숙청된 보시라이 전 충칭시 서기의 내연녀였다는 건 중국인들 사이에서 공공연한 진실로 받아들여진다.

더 무서운 건 장웨이제가 시체를 특수 화학 처리해 전시하는 '인체의 신비전(展)'에 있는 임신부의 표본이라는 의혹이다. 인체의 신비전은 한때 세계적으로 인기를 끌며 한국에서도 성황리에 열렸지만 각종 인권 침해 의혹과 도덕성 논란으로 많은 선진국에서 전시를 취소시켰다. 인체의 신비전에 전시된 대부분 표본이 파룬궁(法輪功) 수련자라는 의혹도 있다.

인민은 언제까지 참을까

자유와 인권은 추상적이고 멀리 있는 개념이 아니라 인간의 본성이자 기본 욕구다. 인간은 누구나 간섭받지 않으려 하고 최소한의 기본권을 보장받고 싶어 한다. 그런데 중국은 21세기 첨단 시대에 들어와서도 여전히 개인의 자유를 국가에 상당 부분 제한하는 사회주의 국가이고 세계에서 손꼽히는 인권 탄압 국가다.

미국은 오래전부터 중국을 인권 탄압 국가로 규정해 왔다. 2020년 3월 나온 최신 국가별 인권 보고서에서도 중국을 이란, 베네수엘라, 쿠바 등과 함께 인권 유린 국가로 지적했다.

인정하고 싶지 않아도 미국이 곧 세계다. 감정적 호불호와 현실 세계를 혼동하는 망상에 빠져선 안 된다. 미국이 지정하고 규정하는 것은 반대편 나라들의 반발과 상관없이 글로벌 스탠더드가 돼 온 게 부정할 수 없는 현실이다. 미국의 깃발을 따르는 동맹국들 역시 대부분 강대국이고 국제적 영향력이 막강하기 때문에, 중국은 아무리 반박해 봐야 인권 유린 국가라는 후진적 이미지를 벗기 어렵다.

특히 중국몽과 샤오캉의 청사진을 제시한 시진핑 중국 국가주석은 역설적으로 2012년 말 집권과 함께 통제를 강화하며 오히려 인권과 민주주의를 후퇴시켰다.

중국 공산당 정부가 자유와 인권을 억압하는 사례는 곳곳에서 쉽게 발견된다.

언론, 출판, 집회, 결사, 종교의 자유 등이 제대로 보장되지 않으니 정부나 체제를 비판했다가 사라지는 사람들의 소식이 끊이지 않고 전해진다.

코로나 19 확산 과정에도 강제 봉쇄와 구금, 환자와 지식인 실종 등 여러 가지 인권 탄압 의혹이 일었다. 중국 당국은 어쩌면 바이러스보다 더 강하게 언론을 통제했다. 서방 언론들에 따르면 우한 폐렴의 실상을 알리고 정부를 비판한 시민 기자와 지식인이 잇달아 실종됐다. 우한의 한 병원에서 포대 속에 방치된 시신 8구를 동영상에 올린 팡빈, 우한 병원과 장례식장 등을 취재하며 실상을 알린 시민 기자 천추쓰 등이 사라졌다. 시 주석을 공개 비판한 쉬장룬(徐章潤) 칭화대 교수 역시 유명 인사임에도 연락이 두절됐다는 소식이 전해졌다. 당국의 실책을 비판하는 목소리나 사람들의 이름은 언론은 물론 소셜 미디어에서도 대부분 사라졌다. 미국 내 중국 인권 단체들은 2020년 초에만 수백 명이 이런 혐의로 당국에 끌려가 처벌받은 것으로 추산한다.

정치인과 고위 공무원을 비롯한 권력자들과 기업인에 유명 연예인들도 어느 날 소리 소문 없이 사라지는 일이 허다하다. 현대 국가의 형태라고는 도저히 볼 수 없는 수준이다. 실종됐다가 한참 뒤에 초췌한 모습으로 나타나기도 하고 뒤늦게 중형을 받아 수감됐다는 소식이 들리기도 한다. 제대로 된 조사나 변호를 받았을 거라고 보기가 어렵다.

장웨이제 영구 실종 이후 가장 화제를 모았던 두 사건은 중국 톱

스타 여배우 판빙빙(范冰冰)과, 첫 중국인 인터폴 총재 멍훙웨이(孟宏偉)의 실종이었다. 특히 판빙빙은 국민 배우임은 물론 할리우드에까지 진출했던 세계적 스타였던 만큼 국제적인 관심이 쏠리기도 했다. 실종된 지 한참이 지나 중국 정부는 두 사람 모두 범죄 혐의로 체포했다고 밝혔다. 탈세 혐의를 받은 판빙빙은 벌금형에 그쳤지만, 멍훙웨이는 비리 혐의로 중형을 받았다.

심지어 중국 정부는 다수 인권 운동가를 한자리에서 공개적으로 탄압한 적도 있다. 2015년 7월 9일, 300여 명에 달하는 인권 운동가들을 잡아들인 이른바 '709 검거' 사건이다. 당시 검거된 인권 운동가들은 고문과 허위 자백 강요 등에 시달렸고, 이 중 변호사들은 자격이 박탈됐다. 이들의 가족은 연좌제로 고통받는 것으로 전해진다. 21세기 강대국을 자처하는 나라에서 지금도 벌어지는 일이다.

하지만 반민주·반인권 독재 국가 중국이 국민을 상대로 영원히 폭압 정치를 이어 가며 영원히 존속할 것으로 보는 견해는 점점 힘을 잃고 있다.

'화약고' 홍콩과 중 지도부의 딜레마

2020년 여름 현재도 진행 중인 홍콩 민주화 시위 사태는 제2의 톈안먼 사태를 오랫동안 우려해 온 중국 정부의 고민을 잘 보여 주는 사건이다. 2019년 3월 범죄인 인도 법안(송환법) 반대 시위로 시작해 급기야 6월 대규모 민주화 시위로 번진 홍콩 민주화 시위는 자칫 잘

못 관리하면 중국 본토로 번질 폭발력을 지닌 화약고다.

본토에서 일당 독재 정권에 항거하는 민주화 시위가 일어나는 사태는 중국 지도부로서는 절대 용인할 수 없는 일이다. 그러나 중국 당국은 과거와는 다른 무력감 속에 시름이 깊어 가고 있다. 과거 톈안먼 사태 때처럼 과감한 폭력적 조치를 할 수 없기 때문이다. 무력 진압과 시위대 요구 수용 사이에서 어느 쪽도 과감하게 택할 수 없는 진퇴양난에 빠졌다. 군을 투입해 시위대를 소탕할 수도 없고, 그렇다고 시위를 놔둘 수도 없는 난처한 상황이다.

영국령이었던 홍콩은 너무 많이 외부에 개방됐고 시민 의식도 서구만큼 높아서, 톈안먼 때처럼 군을 투입해 무력 진압하는 방식은 국제 사회의 따가운 시선 때문에 사실상 불가능하다. 특히 미국의 계속된 압박은 중국에 눈엣가시처럼 부담스럽다.

홍콩 시위 사태가 심각해지자 미국은 초반부터 트럼프 대통령과 마이크 펜스 부통령 등이 직접 나서 무력 진압 시 이를 무역 협상과 연계하겠다고 엄포를 놓기도 했다. 중국은 이런 압박에 내정 간섭이라며 강하게 반발했지만, 사실 이번 홍콩 민주화 시위는 중국이 일국양제 원칙을 스스로 어긴 데서 발단한 측면이 있는 만큼, 중국의 반발은 국제 사회의 공감을 얻지 못하고 있다.

일국양제란 '한 국가, 두 제도(one country, two systems)'를 말한다. 사회주의와 자본주의라는 상이한 체제가 공존하는 것으로, 반환 후 홍콩과 마카오의 통치 원칙이면서 대만 통일의 원칙이다. 중국이 1997년 홍콩 반환 시점부터 50년간 홍콩의 정치적·법적 주권을 보장한다는 일국양제를 받아들인 것은 국제 사회에서 중국이 규범을 준수하는 신뢰할 만한 파트너임을 보여 주는 일종의 상징적 제스처였다. 펜스 부통령은 중국이 이런 원칙을 지켜야 한다고 공식적으로 촉구하기도 했다.

이처럼 중국은 군사력을 동원한 시위대 진압도 불가능하지만, 이런 혼란 상태를 너무 오래 방치하거나 시위대 요구를 전면 수용하기도 어렵다. 송환법 철회에 이어 행정장관 직선제 전환 등의 요구를 들어주면 앞으로 홍콩은 더 강력하고 확고한 '해방구' 역할을 할 게 불 보듯 뻔하기 때문이다.

사실 중국이 진퇴양난에 빠진 더 큰 정치적 이유는, 중국 공산당이 톈안먼 사태 때와 달리 시민 요구에 굴복하는 선례를 남기면 본토 내부의 민주화 운동으로 이어질 수 있다는 우려가 있기 때문이다. 홍콩 민주화 요구를 수용할 경우 소수 민족 5대 자치구인 신장(위구르족), 티베트, 네이멍구(몽골족), 광시(좡족), 닝샤(후이족) 자치구의 분리 독립 운동으로 이어질 가능성도 있다. 이는 중국의 분열을 의미하는 최악의 시나리오다. 중국 정부는 '뜨거운 감자'를 입에 문 난처한 상황 속에서 고민이 깊어 갈 수밖에 없다.

장기화 국면에 접어든 홍콩 시위는 앞으로도 어디로 튈지 모르는 럭비공 같다. 자칫 잘못 관리하면 전국적인 소요 사태나 민란으로 번지는 계기가 될 수 있다는 점에서 중국 정부는 가슴을 졸이고 있다.

경제적 이유도 중국 정부가 쉽사리 결단할 수 없는 중요한 요소다. 홍콩은 시장자본주의를 도입한 중국이 글로벌 경제와 만나는 창이자 돈의 통로이기 때문이다. 기축 통화인 미국 달러가 중국으로 들어가는 사실상의 관문이 홍콩이다. 중국의 국영·민영 기업들이 조달하는 미국 달러화 상당 부분이 홍콩 자본 시장을 통한 미국 채권 거래에서 나온다. 중국에 대한 외국인 직접 투자도 대부분 홍콩을 통해 이뤄진다. 중국 정부가 일국양제 원칙을 허물고 홍콩 자치권을 훼손하면 홍콩의 국제 금융 허브 역할은 크게 약화되거나 소실된다. 이는 중국 경제의 숨통이 막히는 자멸을 초래한다.

급기야 시진핑 정부는 2020년 7월 들어 강공으로 나섰다. 중국 공산당 정부는 홍콩 내 반정부 활동을 직접 감시하고 처벌하는 것을 골자로 하는 '홍콩 국가보안법'을 급조해 7월 1일부터 전격 시행했지만, 그 결과 미중 갈등이 고조되고 외국 기업과 자본이 철수하고 관광업이 즉시 타격을 입는 등 역풍이 만만치 않다. 앞에 설명한 경제적 이유들을 고려하면 중국 정부가 홍콩 보안법을 계속 밀어붙이는 데는 한계가 있을 수밖에 없다.

미국을 위시한 서방 국제 사회가 시위대와 홍콩 시민을 지지하고 중국 정부를 압박하는 움직임이 이어지는 한 홍콩 민주화 시위는 동력을 지속할 것으로 보인다. 미국 의회는 홍콩 시위와 인권 탄압에 관련된 인사들을 제재하는 것을 골자로 한 '홍콩 인권법'을 만들며 압박 수위를 최고조로 끌어올렸다. 홍콩 인권법 시행에 따라 트럼프 행정부는 2020년 7월 홍콩에 부여한 무역·투자 등에 대한 특별 지위를 박탈하고 관련 기관과 개인을 전방위로 제재하겠다고 천명했다.

뉴욕, 도쿄, 런던과 함께 세계 4대 자본 시장인 홍콩은 특별 지위가 박탈되고 미국의 제재가 장기화하면 자본 엑소더스로 대공황에 빠질 수 있다. 중국 정부는 이처럼 자국 경제가 세계와 만나는 홍콩이 닫히면 큰 타격이 예상된다는 점에서 미국에 맞서 대응 수위를 극한으로 유지하기에는 정치적 부담이 많다. 결국 중국은 홍콩 사태와 관련한 미국과의 충돌에서 또 한 번 굴복할 가능성이 크다.

여기에는 경제적 타격도 심각하게 작용하지만, 사실은 중국 공산당 고위 간부들에 대한 개인 제재가 더 큰 부담이 될 것이라는 분석이 있다. 공산당 고위 간부들이 주로 재산을 도피시켜 놓고 가족을 유학 보내는 것으로 알려진 나라가 바로 미국이라는 점에서다. 미국에 있는 중국 사회 지도층 배우자와 자녀는 100만 명이 넘고 이들이 미국에 도피시켜 놓은 재산도 수천억 달러에 달한다는 주장이 미국 내 반중 단체와 언론으로부터 일관되게 나온다. 시진핑 주석조차 거액의 비자금 도피처로 미국 또는 서방 국가를 활용 중이라는 설이 나돌 정도다.

특히 미국 정부와 의회에서는 중국 최고 지도부 7명 가운데 홍콩 시위 탄압의 직접적 배후로 지목돼온 왕양(汪洋) 전국인민정치협상회의(정협) 주석과 한정(韓正) 정치국 상무위원에 대해 미국 내 자산 동결, 미국 금융 시스템 이용 금지 등의 제재를 검토 중인 것으로 전해졌다. 자산 동결이 거론되는 것은 중국 고위급 지도자들이 실제로 미국에 상당한 자산을 숨겼음을 시사한다. 한정이 미국에 30억 달러가 넘는 엄청난 자산을 숨겨 뒀다는 폭로도 잇따르고 있다.

좌파나 사회주의자일수록 이상하게도 자녀들을 미국이나 서유럽 국가에 유학 보내거나 거주시키는 건 만국 공통의 현상인 듯하다. 중국 공산당 지도부의 가족과 숨겨 놓은 재산이 볼모로 잡혔다면 이번 싸움의 승패를 예상하는 것은 어렵지 않다.

더 나아가 미국은 중국 공산당원의 입국 금지와 추방도 검토 중이다. 중국 지도층 개인에 대한 제재가 현재 진행 중인 '중국 죽이기'와 중국 공산당 붕괴에 가장 효과적인 방법이라는 사실을 알기 때문이다. 실제로 미국의 무역 제재와 홍콩 문제 개입에 강력히 반발하며 '전면전'을 불사하겠다던 중국 지도부는 미국이 '공산당원 추방'을 거론하면서부터는 조심스레 미국의 반응을 살피는 분위기다.

이렇듯 홍콩 민주화 운동을 둘러싼 미중 갈등은 매우 구조적이고 근본적인 대립일 뿐 아니라 미중 패권 다툼의 핵심 전선 중 하나이기 때문에 장기간 역내 불안 요소로 작용할 것이라는 점을 알아야 한다.

홍콩을 둘러싼 미중 갈등은 다시 극한 대치 국면으로 치닫고 있으며, 코로나 19 확산 우려에 잠시 주춤했던 홍콩 시민들은 다시 "중국 공산당 타도", "천멸중공(天滅中共, 하늘이 공산당을 멸한다)"을 외치며 거리로 쏟아져 나왔다. 자유와 민주주의를 지키려는 홍콩 시민들의 의지가 중국 본토 인민들에게도 조금씩 전해지고 있다. 자유와 인권을 갈구하는 것은 인간의 본성이다. 톈안먼에서 움튼 독재 정권 타도와 민주화의 불씨가 30여 년이 지난 지금 홍콩에서 다시 뜨겁게 불타오르기 시작했다. 세계인의 시선은 홍콩에 쏠려 있다.

소수 민족, 영원히 찍어 누를 수만 없다

인류사에서 민족과 종교 문제는 영원히 타협이 어려운 사안이었다.

2천 년 동안이나 세계를 떠돌던 유대인이 결국 이스라엘을 건국한 것에서 보듯, 민족의식과 종교적 신념은 인간의 마음속 꺼지지 않는 불이다. 기독교와 이슬람의 대립이 난제인 점도 이런 이유에서다.

이합집산의 역사를 반복해 온 중국은 지금도 다양한 민족과 종교를 사회주의라는 이념 아래 억지로 한데 모아 놓은 매우 불안정한 나라다. 중국에는 한족 외에, 위구르족(신장)과 티베트족(시짱), 몽골족(네이멍구) 등 청대부터 신중국 건국 초반까지 편입된 민족들과, 인구가 비교적 많은 쫭족(광시)과 후이족(닝샤) 등 5개 소수 민족 자치구, 여기에 규모가 작은 조선족 등까지 55개의 소수 민족이 있다. 이들 중 위구르족이나 티베트족 등은 기존 중국 본토 민족과 완전히 이질적인 종교나 외모를 가졌다. 언제까지 이들을 사회주의 깃발 아래 강압적으로 묶어 놓을 수 있을까?

인간은 복잡한 생물이어서 이념이나 총칼로만 다스리는 게 불가능한 존재다. 2015년 중국 국가통계국 자료에 따르면 중국 소수 민족

중국의 5대 소수 민족 자치구

은 전체 인구의 약 9퍼센트에 못 미치는 것으로 나타났다. 하지만 소수 민족 인구가 적은 대신, 5개 자치구만 해도 중국 전체 영토의 거의 절반 면적을 차지한다는 점은 무시할 수 없는 요소다. 만일 이 자치구들이 분리 독립하면 중국 영토는 사실상 반토막이 난다.

비록 황무지가 많다고는 해도 이들 지역에는 주요 천연자원들이 매장돼 있고 안보 측면에서도 중요성이 매우 크다. 게다가 자치구 분리 독립은 수도권과 핵심 도시들에 소수 민족을 중심으로 한 민주화 운동을 촉발할 위험성이 다분하다.

실제로 신장, 시짱, 네이멍구 자치구에서는 이들 민족의 분리 독립 움직임이 끊이지 않는다.

특히 신장자치구의 위구르족은 이슬람교를 믿는 무슬림이고 터키 계통 민족이다. 중국의 민족 분열이 일어난다면 시발점이 될 지역으로 전문가들이 지목하는 곳이 바로 신장위구르자치구다. 이들은 중국 서북부 신장의 위구르자치구를 이슬람 독립 국가로 만들려는 시도를 오랫동안 해 왔다. 실제로 1940년대에는 동투르키스탄공화국을 수립하는 데 성공했다가 얼마 못 가 다시 병합되기도 했다. 종교도 문화도 다르고 생김새까지 동양인과는 완전히 이질적인 사람들을 폭력으로 계속 묶어두는 건 쉽지 않은 일이다. 이들은 과거 일본에 나라를 빼앗긴 조선인들이 그랬듯 이슬람 무장 테러 단체까지 조직해 산발적 무장 투쟁을 계속하고 있다.

중국 당국이 가장 위험한 지역으로 분류한 신장자치구에는 1천 개가 넘는 수용소에 100만 명이 넘는 위구르족 주민을 가둬 둔 것으로 국제기구와 인권 단체들은 파악한다. 재판도 받지 못하고 구금된 이들은 강제 노동과 고문 등에 시달리는 것으로 알려졌다. UPI 통신에 따르면 미 국방부는 2019년 5월 신장자치구에서 소수 민족 300만 명이 구금됐다고 주장하기도 했다. 마치 나치의 유대인 홀로코스트를 21세기 다시 보는 듯하다.

시짱자치구의 티베트족도 분리주의 저항 운동을 벌인 기록들이 있다. 티베트 불교를 믿는 이들은 중국에 점령된 1959년 종교 지도자

달라이 라마가 인도로 탈출해 망명 정부를 수립하는 '티베트 동란'을 일으켰고, 중국의 자치구가 된 뒤에도 여러 차례 대규모 소요 사태를 일으켰다.

중국은 이런 소수 민족 자치구들의 분리 독립 운동으로 오랫동안 어려움을 겪고 있다. 중국 공산당은 소수 민족의 독립 운동을 국가 핵심 이익을 해하는 행위로 규정하고 유혈 진압을 불사하는 강력한 탄압 정책을 펴 왔다. 2008년 티베트 유혈 사태, 2009년과 2014년 신장 우루무치와 사처에서 일어난 폭동과 테러 사태에서 발표된 것만 수백 명의 사상자가 발생했다.

미국을 비롯한 서방 세계는 중국 당국의 탄압을 비난하지만, 중국 입장에선 국가 생존이 걸린 문제인 만큼 비난에 아랑곳없이 비인간적이고 강력한 소수 민족 억압 정책을 시행 중이다. 시위와 집회의 폭력 진압은 물론 수용소 운영, 한족 이주 장려 등 장단기 정책을 골고루 쓴다. 서부 개발 계획을 비롯한 정부 시책으로 신장과 네이멍구 등에서는 한족 인구가 늘면서 소수 민족이 차지하는 비율은 주는 추세다.

하지만 냉엄한 국제 정세에서 이런 균열을 미국을 비롯한 서방 세계가 놓칠 리 없다. 미국은 꾸준히 중국의 인권 탄압, 특히 소수 민족과 종교인들에 대한 탄압을 멈추라는 요구를 기회 있을 때마다 내놓는다. 폼페이오 미 국무부장관은 각종 성명 등을 통해 중국 지도부가 신장의 위구르 문화와 이슬람 신앙을 탄압한다고 비난해 왔다. 그는 무슬림이 대부분인 터키와 중앙아시아 국가들의 카운터파트와 만날 때마다 잊지 않고 신장의 위구르족 문제를 제기해 왔다. 드러난 중국의 아킬레스건을 집중적으로 공략해 중국 내부 분열을 더욱 가속화하겠다는 전략이다.

미 정치권은 여야가 초당적으로 소수 민족과 종교 탄압 문제를 제기하며 중국을 압박 중이다. 미 의회는 홍콩 인권법에 이어 신장 위구르법, 티베트 지지법 등을 여야 합의로 통과시켰다. 중국 내 소수민족과 민주주의 탄압에 관련된 이 '인권 3법'은 큰 차원에서 보면 트럼프 정부 들어 강화한 '중국 죽이기' 캠페인의 일환이다. 이들 법안은 모두 인권 탄압과 인종 차별에 관여한 중국 당국자들에 미국 정부가 각종 행정적, 경제적 제재를 가하는 내용이 핵심이다. 특히 위구르법의 경우 수용소 폐쇄를 요구하는 내용도 포함됐다.

중국에서 파룬궁 신도에 대한 무자비한 구금과 고문이 일어난다는 폭로도 20년 넘게 이어져 왔다. 심지어 파룬궁 수련자들의 장기를 적출해 거래한다는 의혹도 오랫동안 제기돼 왔다. 현대 국가에서 일어나는 일이라고는 믿을 수 없는 노골적인 종교 박해다.

파룬궁 탄압 20주년이었던 2019년 7월 미국과 영국에서는 파룬궁 박해를 폭로하고 중단을 요구하는 각종 성명과 보고서가 나왔다. 미국 의회-행정부 중국위원회는 파룬궁 수련자들에 대한 각종 가혹 행위가 일어나고 있다며 수감자 석방을 촉구했다. 이 위원회 공동의장은 거물급 반중 정치인 마르코 루비오 상원의원이다. 영국 내 중국조사위원회는 보고서에서 파룬궁 신도들이 대규모 불법 장기 적출의 희생자임이 드러났다고 주장했다.

홍콩 시위, 대만 문제와 함께 소수 민족 문제는 앞으로도 계속 중국의 약점으로 작용할 것이다. 특히 홍콩 민주화 시위와 소수 민족 자치구의 소요 사태가 동시에 돌발 확산할 경우 중국 당국도 통제하기 어려운 국면을 맞을 수 있다.

무너지는 정치·행정·사회 체계

중국은 일당 독재라는 후진적 정치 체제만큼이나 중앙 정부와 지방 정부의 행정 시스템 역시 불투명하고 부패했다. 우리로선 상상하기 힘든 규모의 부정부패 사건이 일어나고, 행정 처리는 신뢰도가 떨어진다. 그래서 선진국들은 중국 당국이 내놓는 통계를 숫자 그대로 믿지 않는다.

중국 역사에서 왕조가 무너질 때 공통으로 나타난 현상이 바로 극심한 부정부패다. 후진적이고 부패한 사회주의 독재 정부는 중국 분열과 쇠퇴가 다가오고 있음을 알리는 또 다른 신호탄이다.

재해마다 인재(人災), 인재 뒤엔 부패

견제 세력이 없는 일당 독재 체제가 안으로 곪고 썩는 것은 너무나 당연하다. 여기에 중국 특유의 연고주의를 뜻하는 '관시(關係)' 문화까지 결합하여 중국 관가의 부정부패 수준은 주요국 중 최악으로 꼽힌다.

중국 사회는 혈연·지연·학연 등 연고주의, 뇌물 거래, 공갈·협박이 횡행하는 시스템이다. 힘 있는 자는 부정한 방법으로 부를 더 키우고, 약자는 이유도 모른 채 당한다. 이는 중국 내 양극화를 가속하는 또 하나의 주범이다.

이런 부작용이 상징적으로 드러난 사례가 바로 2008년 5월의 쓰촨성 대지진 사태다. 지진 강도가 크기도 했지만 부실 공사로 무너진 건물들 때문에 인명 피해가 더 커졌다. 자연재해에 인재(人災)까지 겹친 것이다.

수많은 부실 공사는 공무원과 건설업자들 간 부정과 비리로 인해 발생했다. 무엇보다 학교 건물이 많이 무너져 꽃다운 아이들이 피지도 못하고 스러졌다. 게다가 재난 현장에서 텐트, 식량, 생수 등 비상 구호물자를 빼돌리는 것이 적발돼 이재민들이 시위를 벌이는 모습까지 포착됐다. '아비규환 지옥도'가 현실 세계에 그대로 펼쳐진 것이었다.

수조 원대 부정한 돈을 축재한 당 간부가 적발됐다거나, 탱크·장갑차·군화·야전 침대 등 군수 물자가 사라졌다거나, 비축미나 군량미를 팔아넘긴 당국자가 체포됐다거나 하는 일은 중국 내에서는 놀라운 소식이 아니다. 수십조 원대 금괴가 공직자 집에서 발견됐다는 현지 언론 보도도 있었다.

중국 지도부도 부정부패 문제를 발전 저해 요소로 보고 단속과 근절 노력을 기울여 왔다. 특히 덩샤오핑 이후 가장 강력한 지도자로 불리는 시진핑은 '반부패' 깃발을 내걸고 수십만 명의 공직자를 비리 혐의로 적발해 처벌했다. 하지만 여전히 공직사회 부패 문제와 불공정·불투명 관행은 제대로 개선되지 않고 있다. 윗물이 맑아야 아랫물이 맑다는 건 세상 이치다. 중앙과 지방 정부의 고위직들이 솔선

수범하지 않는 이상 부패 척결이 이뤄질 리 없으며, 견제받지 않거나 서로 봐주는 독재 국가의 고위직은 부정부패 유혹을 떨치기 어렵다.

중국 지도층의 부패 척결이 순수한 목적보다는 '정적 죽이기'의 수단으로 악용돼 왔다는 지적도 많다. 특히 시진핑 주석은 부패 일소 작업을 통해 정적을 제거하고 있다는 비판을 받았다. 시진핑과 최고 권력을 놓고 경쟁하다 부패 혐의로 사라진 '충칭의 별' 보시라이 사례가 대표적이다.

정적 죽이기와 별도로, 보시라이는 유명 아나운서 장웨이제를 첩으로 뒀다는 얘기가 정설처럼 여겨지고 있다. 임신 상태의 장웨이제 신체 표본이 인체의 신비전에 전시됐다는 음모론과 관련해서는 보시라이의 아내가 남편의 아이를 밴 장웨이제를 질투해 청부 살해하고 일부러 인체의 신비전에 시신을 넘겨 복수했다는 미확인 설도 돌았다.

이 같은 중국 공직자들의 축첩(畜妾) 문화는 중앙 고위직부터 지방 간부까지 만연한 것으로 알려져 국격을 떨어뜨린다. 현지어로 '얼나이(二奶)'로 불리는 젊고 예쁜 첩을 두는 것을 중국 당 간부들은 권력 과시의 상징쯤으로 여기는 듯한 인상을 줄 정도다. 비리 혐의로 고위 공직자를 적발하면 대부분 축첩 문제가 함께 불거진다. 링지화(令計劃) 전 인민정치협상회의 부주석, 저우융캉(周永康) 전 공산당 정치국 상무위원, 쉬차이허우(徐才厚) 전 공산당 중앙군사위 부주석 등 유력 간부들도 정부를 뒀다는 소문이 유력하게 퍼졌다. 부패로 기소된 공직자의 95퍼센트가 첩이나 내연녀가 있다는 조사 결과가 나오기도 했다. 구약성서 속 소돔과 고모라 같은 중국 지배층의 성 윤리 타락은 공동체의 수명이 다했음을 시사한다.

중국 관리들과 기업인들이 미국과 홍콩을 포함한 해외로 재산을 반출하고 빼돌린다는 것도 비밀이 아니다. 해외 주재원들이 아내나 자식을 외국으로 이주시키고 재산을 빼돌리는 사례가 대거 적발되자 중국 공안이 대대적인 단속과 검거에 나섰다. 가족을 해외에 이주시킨 '뤄관(裸官, 기러기 공무원)'을 주요 공직에서 배제하는 제도와 관리들의 해외 재산 명세 신고를 의무화하는 규정을 만들기도 했다.

중국 관리들의 부패를 거론할 때 빼놓을 수 없는 인물이 장쩌민(江澤民) 전 주석이다. 중국 현대사의 한 부분을 장식한 이 독재자가 인기 가수 쑹쭈잉(宋祖英)을 비롯한 다양한 직업의 여성과 불륜 관계였다는 설이 국민들 사이에선 기정사실로 여겨진다. 재미 중국 부호 궈원구이는 장쩌민 일가가 해외로 빼돌린 재산이 무려 1조 달러에 달한다고 주장하기도 했다.

양민들은 굶어 죽는 상황에서 집안에 금괴를 쌓아 두고 외국으로 재산을 빼돌리며 첩들과 변태적 쾌락에 몰두하는 탐관오리. 옛 중국 왕조를 다룬 영화에서나 볼 수 있었던 관리들이 평등한 세상을 건설하겠다는 사회주의 중국에 여전히, 버젓이 있다. 참으로 '아름다운 중국몽'의 풍경이다.

지방 정부발 국가 부도 위기

중앙과 지방 정부 모두에 만연한 부패도 골칫거리지만, 지방 정부의 재정난은 더욱 심각한 문제다.

중국의 지방 정부들은 막대한 규모의 국토 개발 공사를 통해 중국의 고속 성장을 이끌었다. 그런데 무리한 개발 사업, 차입 재정, 부패 관행 등으로 빚더미에 올라앉은 지방 정부가 급증하면서 중국 파산의 시발점이 될 것이라는 경고음이 여기저기서 나온다.

중국은 개혁 개방 이후 막대한 규모의 SOC 투자를 통해 고속 성장을 유지해 왔다. 하지만 실제로 투자 재원에서 세수(稅收)가 차지하는 규모는 통상 5분의 1 수준에 그치는 것으로 알려져 있다. 나머지 대규모 재원은 지방정부 융자기구(LGFV, Local Government Financing Vehicles)라는 특수법인을 만들어 부채를 떠넘기는 편법으로 조달한다. LGFV는 개발 사업에 참여한 건설사에 부채를 넘기기도 한다.

문제는 LGFV에서 떠맡은 부채가 공식적인 정부 부채로 분류되지 않는다는 점이다. 따라서 정부 부채 규모는 엄청나게 축소돼 보이며 실제 재정 건전성은 수치로 보는 것보다 훨씬 나쁘다. 중국 관영 연구 기관인 중국 사회과학원조차 '숨은 부채'까지 계산할 경우 정부, 국영 기업, LGFV를 합친 중국 공공 부문 부채가 이미 2017년에 GDP의 140퍼센트에 달했을 수 있다는 추산치를 내놨을 정도다.[33]

영국 〈파이낸셜 타임스〉[34]에 따르면, 2019년 1월부터 10개월간 무려 831개 지방 정부가 디폴트를 선언했다. 그 전해인 2018년에 디폴트를 선언한 지방 정부가 100곳이었으니 가히 폭발적 증가세다. 지방 정부가 진 빚도 2018년 말 41억 위안(약 7,074억 원)에서 2019년 10월 말 69억 위안(약 1조 1,904억원)으로 3분의 2나 폭증했다. 이에 따라 정부와 계약한 업자들은 돈을 받지 못해 소송이 잇따랐다.

이러한 지방 정부 재정 악화는 중국 경제 전체 붕괴에 이어 사회 혼란으로 이어질 수 있는 시한폭탄이다. 지방 정부 부실은 기업들의 도산으로 이어지고, 임금이 밀린 노동자들은 거리로 쏟아져 나오게 된다. 사회 혼란과 소요를 가장 걱정하고 사회 안정을 정책 1순위에 놓는 독재 정부로서는 걱정하지 않을 수 없는 부분이다. 중국 인민은행을 비롯한 당국이 이런 연쇄 반응을 우려하며 적극적 개입에 나서고 있지만, 본질적으로 잘못된 시스템을 고칠 묘약은 없다. 사회주의 일당 독재 체제라는 구조상 지방 정부 파산은 일어날 수 없다는 '불패론'이 있기 때문이다.

실제로 빚을 갚지 않아도 법원이 지방 정부 자산을 압류할 수 없고, 지방 정부는 빚을 잔뜩 진 상태에서도 경기 둔화를 막고자 또 채권을 발행하는 악순환을 거듭한다. 믿기 어렵겠지만 일당 독재 체제에서는 채무 불이행에 대한 책임을 법원이 정부에 지우지 못하므로 이런 일이 실제로 일어난다. 그러나 지방 정부 불패론은 '빚 폭탄 돌리기'를 수십 년간 유지해 주면서 지방 정부 파산을 넘어 국가 부도 위기를 부르는 역설로 작용했다.

중국 지방 정부들이 경기를 회복하고 재정을 건전화하는 방법은 사실상 부동산 개발 붐을 일으키는 것뿐이다. 그러나 미국과의 무역 전쟁은 경기 둔화를 불렀고 부동산 시장에 악영향을 줬다. 미국의 포석은 복합적이고 다면적이며, 약점을 겨냥한다. 미국과의 대립이 길어지면서 경기는 점점 악화하고 외국 기업들이 중국을 떠나면서 지방 정부 재정은 더욱 나빠지고 있다.

이러한 재정난에 겹친 경제 성장률 둔화와 인구 감소로 중국 지방 도시들은 빠르게 쇠퇴하거나 아예 사라질 위기에 처한 것도 대위기의 징조다. 중국 동북부를 필두로 전국 각지 많은 도시에서 인구 감소와 경제 활동 둔화 현상이 감지된다. 앞으로 1천 곳이 넘는 도시가 사라질 것이란 전망까지 나왔다.

이는 앞서 살펴본 부동산 버블 붕괴, 지방 도시 재정난과 관계가 있다. 짓다가 중단하거나, 건설을 완료했는데도 사람이 살지 않는 거대한 유령 아파트 단지들이 곳곳에서 눈에 띈다. 흉물스럽고 때로는 공포 영화의 한 장면 같은 이런 유령 도시들은 마치 중국의 미래를 암시하는 듯한 인상마저 준다.

체제 전복의 불씨, 농민공과 퇴역 군인

사회주의는 '평등한 세상'을 내세우며 출발했으나 실험은 실패했고, 그 결과는 '불평등과 불공정의 극치'로 나타났다. 그 살아 있는 증거는 바로 중화인민공화국이다. "인민이 주인 되는 세상을 만들겠다"고 했지만 실상은 다수 인민이 소수 지배층의 노예가 됐다. 봉건 왕조와 다를 바 없다. '역사의 진보'를 내세운 최대 사회주의 국가 소련은 역사 속으로 사라졌고, 북한도 3대 세습 독재에 대다수 국민이 고통을 겪는다.

중국에서 계층 간 불평등의 상징적 존재가 농민공이다.

중국은 이른바 '금수저'와 '흙수저'를 아예 제도로 나눠 놓았다. 호구제를 통해 국민을 도시민과 농민으로 양분한 것이다. 이는 사회주의 국가 중국에서 자유민주주의 국가들보다 양극화가 더 심해지는 원인으로 작용했다.

호구제는 독재자 마오쩌둥이 1958년 대약진 운동을 벌이는 과정에서 농민들이 도시로 몰려가 농업 경쟁력이 떨어지는 것을 막고자 강제로 도입한 제도다. 봉건 시대 사농공상(士農工商) 구분과 다를 바 없는 이 비민주적 제도는 1978년 개혁 개방 이후 문제점을 본격적으로 드러내기 시작했다. 도시 선호 현상이 나타나면서 농촌 호구를 가진 농민들이 대거 대도시로 이주하는 현상이 나타났기 때문이다. 이런 사람들을 농민공이라고 부른다.

농촌 호구가 있다고 법적으로 도시에 살지 못하게 제재하는 건 아니지만, 많은 제약이 따른다. 도시 호구가 없는 농민공들은 불법 이민자처럼 의료 보험을 적용받지 못하고 자녀를 공립 학교에 보낼 수도 없다. 주택과 자동차 구매, 입시 등에서도 제한과 불이익이 있다.

이처럼 사회 보장 사각지대에 놓인 농민공은 공장 등에 취업해 최저 생계비에도 못 미치는 임금을 받으며 매우 열악한 생활을 한다.

한 끼에 1달러도 안 되는 형편없는 음식을 먹고 비위생적이고 좁은 집에서 산다. 아파도 치료를 제대로 못 받고, 자녀들은 학교에 제대로 못 가니 희망이 별로 없다. 사회주의자들이 비판하는 '빈곤의 대물림'이 더 극심하게 일어난다.

중국의 농민공은 약 3억 명에 달하는 것으로 추산된다. 웬만한 주요 강대국 인구보다 많은 숫자다. 호화 아파트에 살며 외제 차를 타는 도시 부자들을 눈앞에서 바라보는 농민공의 불만은 극에 달할 수밖에 없다. 이들이 사회 불만 세력으로 조직화한다면 프랑스 혁명은 상대도 안 되는 대규모 폭동과 소요 사태가 일어날 수 있다.

중국 공산당도 당연히 이런 가능성에 공포를 느낀다. 시진핑 정권 들어 농민에게 농촌에 보유했던 토지의 사용권을 팔 수 있게 하고, 대도시 주변에 위성 도시를 만들어 이들을 정착시킴으로써 도시 호적을 주는 정책을 펴기 시작했다. 베이징, 상하이 등 대도시에서는 학력, 기술 수준과 주택 보유 여부 등에 따라 점수를 매겨 호구를 주는 점수 적립제도 운용한다. 하지만 이런 보완책이 가시적 성과를 거뒀다는 이야기는 여전히 듣기 어렵다. 농민공 문제는 여전히 빈부 격차와 계층 간 불평등의 핵심으로 남아 있다.

농민공과 함께 중국 정부가 두려워하는 현안이 바로 퇴역 군인 문제다.

중국 정규군인 인민해방군은 무려 235만 명에 달한다. 워낙 숫자가 많다 보니 퇴역한 군인들의 생계유지와 복지가 심각한 사회 문제로 떠올랐다.

　무려 5,700만 명으로 추산되는 퇴역 군인들 대부분은 전역 후 관사에서 나오면 주거 문제를 해결하지 못하는 데다, 생계를 군인 연금이나 생계 수당에만 의존하기에는 부족한 수준인 것으로 알려졌다. 그러자 2018년부터 퇴역 군인들이 수천 명씩 무리를 이뤄 각 지방 정부 청사로 몰려가 시위를 벌이는 등 사회 불안 세력으로 떠올랐고, 중국 당국은 큰 충격을 받았다. 군대는 중국 공산당 독재 정부를 지탱하는 가장 중요한 근간이므로 이들의 불만을 제대로 관리하지 못하면 체제 유지에 큰 구멍이 날 수밖에 없기 때문이다.

　비상이 걸린 시진핑 정부는 퇴역 군인 처우 문제를 전담하는 정부 기구를 만들어 대처에 나섰고, 연금 수준도 올려 줄 방침이다. 젊은 퇴역 군인들을 민간 경비 회사에 취업시키는 등의 대책도 나왔다. 하지만 일자리가 제한된 상황에서 취업을 원하는 퇴역 군인들을 정부가 억지로 보안 경비 업체나 운수업에 취직시키니 이들 때문에 불이익을 받은 사람들이 파업하는 등 갈등은 사그라지지 않고 있다.

　인간의 기본적 욕망을 총칼과 이념으로 영원히 누를 순 없다. 농민공과 퇴역 군인 문제는 중국식 사회주의 독재 체제의 한계를 드러내는 대표적인 사례다. 앞으로도 체제 붕괴를 유발할 위험한 불씨로 남을 것이다.

공산당 계파 갈등… 영원한 권력은 없다

시진핑 중국 국가주석은 덩샤오핑을 넘어서는 것은 물론, 마오쩌 둥에 버금가는 1인 지배 체제를 공고히 하려던 욕심에 두 가지 큰 실수를 했다. 두 실수 모두 개혁 개방으로 중국 부흥을 이끈 덩샤오핑 의 2대 유훈을 어긴 것과 직결된다.

하나는 연임을 위해 '도광양회' 유훈을 깨고 '중국몽'이라는 무리한 목표를 내세움으로써 1인자 미국의 주적이 된 것이고, 다른 하나는 3대 계파가 차례로 권력을 돌아가며 분점하라는 유훈을 어긴 것이다. 전자는 대외 관계의 제일 원칙이었고 후자는 내부 정치에 관한 첫 번째 금기였지만 시진핑은 양쪽 모두 보기 좋게 깨 버렸다.

그 대가와 파장은 상당히 크다. 미국은 시진핑의 목에 칼날을 겨눴고, 내부적으로는 정적들이 와신상담하며 칼을 갈고 있다. 안팎에서 시진핑의 목을 노리는 적이 생긴 것이다.

시진핑은 2018년 3월 헌법을 개정해 주석 3회 연임 금지 조항을 삭제했다. 영구 집권의 길을 열며 스스로 '시 황제'를 자처한 셈이다. 이런 행동은 다른 계파들의 반발과 공격을 부르고 있다.

중국 정계는 대체로 3대 계파를 중심으로 움직여 왔다. 3대 계파는 공산당 고위 간부 자녀인 '태자당', 중국 공산주의 청년단 출신 정치인들로 이뤄진 '공청단', 장쩌민 전 주석의 정치적 기반인 상하이

인맥 '상하이방'이다. 이들 파벌은 한 정치인에서 겹칠 수 있으며, 중복 시 유리한 쪽을 택하는 경향이 있다. 이를테면 장쩌민도 원래는 태자당 출신이었다.

덩샤오핑이 권좌를 장쩌민에게 물려주기 전 집단 지도 체제와 임기 제한 원칙을 정한 이후 상하이방의 장쩌민, 공청단의 후진타오, 태자당의 시진핑이 차례로 집권했다. 따라서 차기 권력은 다시 상하이방으로 이동해야 하나 이런 원칙이 깨졌다. 시진핑은 태자당 계파 내 경쟁자였던 보시라이를 제거하고 권좌에 오른 뒤 1인 지배 체제까지 굳히면서 과거 장쩌민의 선례처럼 자신만의 계파인 '시파(習派)'를 키우고 있다.

장쩌민과 주변 인물들이 연로한 만큼 상하이방은 이제 쇠락했고, 태자당은 시파로 대체될 것이란 전망이 많다. 따라서 앞으로 중국 정치권의 계파 경쟁은 시파와 공청단의 2파전이 될 가능성이 있다.

일각에선 여배우 판빙빙과 멍훙웨이 전 인터폴 총재의 실종 사건이 이런 양측 간 권력 투쟁이 밖으로 터져 나온 것이라는 설도 있었다. 판빙빙이 시진핑의 오른팔로 불리는 왕치산(王岐山) 국가부주석의 숨겨 놓은 첩이라는 이야기가 돌았고, 멍훙웨이는 공청단 출신이란 점 때문이다.

하지만 현재 상하이방의 실질적 리더로 불리는 쩡칭훙(曾慶紅) 전 국가부주석도 아직 차기 권좌를 포기하지 않았다는 설이 있다. 시진핑이 연임 제한만 철폐하지 않았다면 순서상 그가 주석이 될 가능성도 없지는 않았다. 시진핑을 난처하게 만드는 홍콩 시위의 배후 세력이 홍콩 자본의 상당 부분을 좌우하는 상하이방이라는 분석도 있다.

거물 정치인의 2세들도 시진핑에 화살을 겨눴다. 덩샤오핑 전 주석의 장남 덩푸팡(鄧樸方)은 "분수를 알아야 한다"며 아버지의 개혁 개방 노선과 도광양회 유훈을 지킬 것을 요구했고, 후야오방 전 당 총서기의 아들 후더핑(胡德平)도 소련 몰락의 원인이 권력 집중에 있었다며 시진핑을 에둘러 비판했다.

물론 시진핑의 국내 권력 위상은 여전히 굳건한 것으로 평가받는다. 하지만 '영원한 독재 권력'이 역사에 없었듯, 시진핑의 허점을 노리는 정적들의 도전은 현재 진행형이다.

등돌리는 이웃들

중국은 시진핑의 장기 집권 욕심으로 미국과 주적 관계가 됨으로써 많은 것을 잃었다. 덩샤오핑의 유훈을 버리고 너무 빨리 발톱을 드러내면서 눈에 너무 잘 띄는 표적이 됐다. 모든 분야에서 미국과 그 동맹국들의 강력한 견제를 받게 된 것이다. 중국의 외교적 고립이 점점 심화하고 국방력마저 취약해질 위기에 처한 것은 이런 영향 때문이다.

외교적 지평을 넓히기 위해, 쉽게 말해 더 많은 '내 편'을 만들고자 시작한 일대일로 프로젝트는 그 반작용으로 국제 사회에서 지분을 보유한 강대국들을 하나 둘씩 적으로 만들고 있다. 미국의 동맹국들이 다시 미국 쪽으로 더 가깝게 밀착하도록 하는 요인을 제공했다.

조용히 비밀리에 힘을 키웠어야 할 국방 분야도 군사 기술의 핵심

인 첨단 산업 분야에서 미국이 노골적인 견제에 나서면서 앞으로는 오히려 큰 어려움을 겪게 됐다. 중국은 아직 스텔스기, 항공모함 등 첨단 전략 무기 개발을 독자적으로 완수하기엔 여러 면에서 부족한 게 많다. 따라서 주요 기술 선진국들의 협력과 지원이 필요하지만, 앞으로는 이를 기대할 수 없는 상황을 자초했다.

이렇게 되자 중국 편에 서려던 중진국, 신흥국, 개발도상국들도 다시 고민에 빠졌다. 미국의 견제가 표면화된 상황에서 중국 편에 서는 것이 장기적으로 어떤 불이익을 초래할지 계산기를 두드리기 시작했다. 이는 현실적으로 계산을 거듭하다 보면 어느 정도 해답이 나와 있는 문제이기도 하다. 중국이 일대일로 계획 등을 통해 보여 준 제국주의적 접근 방식과 이른바 '선도 국가'에 걸맞은 미래 비전과 가치가 부재한 후진적 태도는, 중국과의 외교 관계에 긍정적이었던 나라들까지도 깊은 고민에 빠지도록 만들었다.

중국을 배신하지 않을 확실한 동맹 중 강대국으로 꼽을 나라는 거의 없다. 외교전에서 중국은 미국에 원래도 크게 열세였지만 중국몽의 자만으로 인해 상황은 더 나빠지고 있다.

'불량 이웃'이 자초한 외교 고립

중국은 역사적으로 원심력이 작용해 온 국가라고 했다. 그 원심력이 다시 강력해지기 시작했다. 이를 중국 사분오열의 전주곡이 아닐까 전망하는 사람들도 있다.

중국은 현재 주변 나라들과 상당한 갈등을 빚고 있다. "핵심 이익은 협상 대상이 아니다"라는 구호를 내걸고 내셔널리즘과 팽창주의 기조를 명료하게 드러냈기 때문이다. '핵심 이익'이란 영토 문제처럼 중국이 절대 양보할 수 없는 국가적 이익을 뜻한다.

그 결과로 중국 주변 곳곳에서는 영토와 영해 영유권 분쟁이 확산하고 있다. 중국의 어장 침탈과 영공 침해 등을 놓고도 주변국들의 반발과 항의가 오랫동안 이어져 왔다. 중국 하나 때문에 아시아 대륙 전체 평화가 훼손되는 모습이다. 중국은 미국을 위시한 서방 국가는 물론 아시아 이웃들도 모두 적으로 만드는 자충수를 두는 셈이다.

중국은 미국의 핵심 동맹인 일본, 강대국 인도, 적국 대만과 첨예하게 대립 중이며, 베트남, 말레이시아, 인도네시아 등 아세안 국가까지 주변국 대부분과 갈등 관계다.

일본·인도·베트남 등과 동시다발 갈등

영유권 분쟁이 가장 심한 지역은 중국 남동쪽 바다다. 중국 측 용어로 남중국해와 동중국해다. 중국은 자원 확보와 영토 확장 등의 차원에서 이들 지역을 핵심 이익이 걸린 곳으로 본다. 인공 섬 건설, 외교 분쟁, 군사 훈련 등 다양한 방법으로 영유권을 부각하면서 주변국과 끊임없이 충돌하고 있다. 갈등이 심했던 사례들에서는 심지어 "무력 사용도 불사한다"는 노골적 협박을 주변국에 서슴지 않았다.

중국은 천연자원이 풍부하고 해상 물동량도 엄청난 남중국해 대부분 지역의 영유권을 주장하면서 임의로 경계선을 긋고 인공 섬까지 건설해 군사 기지로 만들었다. 주변국들은 이런 중국의 행동을 폭력적이고 오만한 팽창 제국주의로 받아들이고 강경하게 맞서고 있다.

이런 균열을 미국은 집요하게 파고든다. 중국과 주변국의 영토 분쟁은 중국의 결정적 약점 중 하나다. 이를 간파한 미국 정부는 아시아를 중국의 안방으로 넘겨줄 수 없다는 결연한 의지를 갖게 됐다. 미 해군은 남중국해에 중국이 건설한 인공 섬 인근으로 군함을 이동시키는 '항행의 자유' 작전을 통해 중국의 영유권 주장을 무력화하는 전략을 쓴다. 항행의 자유는 해상법상 이 지역을 공해로 본다는 뜻이다.

무엇보다 미국은 중국을 견제할 국가로 인도와 베트남에 주목한다.

오바마 정부 시절 '피벗 투 아시아' 정책으로 전환한 데 이어, 트럼프 정부 들어 미국 해외 사령부 중 가장 규모가 크고 화력이 막강한 아시아 태평양 사령부를 인도 태평양 사령부로 전환한 것은 '중국 죽이기' 작전에서 인도의 역할을 매우 중요하게 본다는 의미다. 인도는 핵무기를 보유한 데다 영토는 중국의 약 3분의 1, 인구(2020년 13억 8천만 명)는 중국(2020년 14억 4천만 명)과 엇비슷할 정도로, 중국과 충분히 맞설 수 있는 강대국이다.

게다가 역사적으로 인도는 중국과 국경 분쟁을 오랫동안 해 온 나라다. 최근 몇 년 사이에도 동쪽 국경에서 중국과 서로 일전을 불사한다는 위협 발언과 국경 수비대간 물리적 충돌을 주고받으며 군사적 충돌 직전까지 간 적이 있을 정도다. 2020년 6월에도 국경 분쟁 지역인 라다크 갈완 계곡에서 유혈 충돌 사태가 발생하면서 수십 명의 사상자가 발생했다.

인도와 중국 양국 간 긴장은 이후 계속 고조되고 있으며, 이번 충돌처럼 둔기나 돌이 아닌 무기를 사용한 군사 충돌 가능성마저 제기된다. 특히 인도에서는 중국 상품 불매 운동이 벌어지고 중국인 추방 여론 등이 생기는 등 반중 감정이 격화하면서 세계 경제에도 악영향을 끼치기 시작했다.

베트남은 중국과 같은 사회주의 국가이긴 하나 역사적으로 보면 중국과 '전통의 앙숙'이다. 인구도 1억 명에 육박할 정도로 많은 편이고 군대도 강한 데다 '아세안의 맹주'를 자처할 만큼 자존심이 강해 중국에 매우 위협적인 상대다. 미국은 이런 베트남과 경제 협력과 외교 관계를 강화하려고 큰 노력을 기울인다.

특히 글로벌 제조 공급망 재편 차원에서 중국에 집중된 생산 기지

중국과 아시아 주변국들

들을 베트남과 인도로 이전하는 전술이 조용히 진행 중인 점도 주목
된다. 미국은 과거 소련을 붕괴시킬 때 신흥 강국 중국을 활용했듯,
이번에는 인도와 일본을 최전선에 배치하고 베트남을 비롯한 아세안
국가들까지 끌어들여 중국을 포위하는 형국이다.

　중국과 사회주의 동맹이었던 러시아도 이제는 완전한 중국 편이
아니다. 미국은 친 러시아 정책을 쓰면서 러시아를 중국에서 최대한
멀리 떨어뜨리려 하고 있다.

　중국 입장에서 이제 이웃들은 대부분 적이고, 유사시 적극적 지원
을 해 줄 만한 군사력을 지닌 우방은 북한과 파키스탄 정도다. 다만,

북한은 적국인 미국과 새로운 관계를 시도하며 혈맹 중국과 미국 사이에서 외줄타기를 하는 새로운 전략을 시도 중인 점도 변수다.

대한민국은 현재 미국과 중국 사이에서 이른바 '균형자' 기조를 내세우고 일본과는 대립 중이지만, 워싱턴은 한미일 삼각 동맹 복원과 강화를 우선 과제로 본다.

중국이 가장 두려워하는 것은 한미일 동맹이 동북아시아에서 해양 세력 연합체로서 제대로 뿌리 내리고 기능하는 것이다. 한미일 삼각 동맹 완전체는 중국에게는 중대 위협이며, 이른바 중국의 '핵심 이익'을 침해할 수 있는 사안이다. 그래서 중국은 과거 일제 강점기 시절 식민지였던 중국과 조선이 항일 투쟁을 함께 한 역사를 부각하며 한미일 동맹에서 약한 고리인 한일 관계를 분리하는 데 외교·정보·여론전 전력을 집중하고 있다.

반대로 미국은 최근 들어 한미일 삼각 동맹의 중요성을 더욱 부각하며 한국을 압박 중이다.

이처럼 미국과 중국은 대한민국을 놓고 힘겨루기를 더욱 강하게 이어 가며 결단을 요구하고 있다. '안미경중(安美經中, 안보는 미국, 경제는 중국)'을 외치던 대한민국이 미국과 중국 사이에서 '회색 지대' 없는 전략적 선택을 해야 할 시기가 서서히 가까워오고 있다.

말뿐인 '군사 굴기'

중국 제조 2025는 군사력 강화와 직결돼 있다. 첨단 산업 기술 주도권을 가져야 최강의 무기를 개발할 수 있으며, 이는 세계 패권을 쥐는 것을 의미한다. 미국이 글로벌 제조 라인 재편과 함께 중국으로의 첨단 기술 유출을 봉쇄하고 나선 데는 이런 배경이 깔려 있다.

미국이 본격 견제에 나서면서 중국은 무역, 경제 분야 등에서뿐 아니라 국방 기술 개발 분야에서도 정체기를 맞았다. 현재도 미군은 중국, 러시아를 포함한 지구 전체 군대가 연합해 싸워도 이기기 힘든 최강 전력이다. 따라서 중국은 조용히 국방력을 키우면서 때를 기다리는 전략을 펴야 했지만, '군사 굴기'를 내세우며 항공모함과 스텔스 전투기 등을 선보였다. 깜짝 놀란 미국이 견제에 나선 것은 당연했다.

문제는, 중국의 항공모함이 미국의 기술을 베낀 모조품일 뿐 아니라, 겉모양만 그럴듯할 뿐 실제 기능과 성능은 형편없는 빈껍데기라는 지적이 군사 전문가들로부터 나온다는 사실이다. 중국은 우크라이나에서 건조하던 미완성 선박을 사들여 개조한 최초 항모 랴오닝(遼寧)함을 2012년 배치한 데 이어, 2019년 12월에는 처음부터 자체 건조한 두 번째 항모 산둥(山東)함을 취역했다. 세 번째 항모도 건조 중이다. 랴오닝함은 젠-15 함재기를 26대, 산둥함은 40여 대 탑재할 수 있다고 중국은 선전했다. 이를 통해 남중국해에서 미국의 항모 전단에 맞서겠다는 계획이다.

하지만 현재 취역한 두 항모는 핵 추력 엔진이 아닌 재래식 디젤 엔진이고, 이들을 호위하는 구축함과 호위함, 잠수함들의 성능도 미군과 비교할 수 없을 만큼 크게 떨어진다. 무엇보다, 가장 중요한 함재기 성능이 최악이어서 실제 전투가 벌어지면 항모 전단 운영 자체가 불가능할 것이라는 게 군사 전문가들의 대체적인 의견이다. 제공권을 포기한 항모 전단은 무용지물이다. 실전에서는 크기만 실제 비율로 제작한 조립식 장난감과 마찬가지인 셈이다. 미국은커녕 해군력 세계 2위인 일본과 맞붙어도 바다 위에서라면 중국이 상대도 되지 않을 것이라는 분석이 나오는 이유다. 오죽했으면 중국 관영 언론조차 산둥함 배치를 자축하는 보도에서 "중국의 국방 역량이 모든 분야에서 미국과 비교할 수 없이 떨어진다"고 경계할 정도였다.

중국은 일단 덩치만 큰 짝퉁 항모를 바다에 띄울 수는 있었지만, 처음부터 함재기를 만들 국방 기술은 존재하지 않았다. 러시아제 엔진을 수입해 와 젠-15 함재기에 장착했지만, 실전에서 함재기가 항모에서 자유롭게 이착륙할 기술력의 조화를 이뤘는지에 대해서는 여전히 의문이 제기된다. 자체 기술이 부족한 데다 군사력 1위와 2위인 미국과 러시아로부터 최신예 무기를 사 올 수도, 핵심 국방 기술을 이전받을 수도 없는 '넘버 3' 중국은 사실 최강 전략 무기를 가질 수 없는 태생적 한계를 갖고 있다.

미국이 본격적으로 중국으로의 기술 유출 방지에 나서게 된 계기를 제공한 젠-31 스텔스기도 마찬가지다. 모양은 스텔스 전투기이지만 핵심 장비인 레이더와 엔진은 많은 문제점을 가진 것으로 파악된다.

중국이 자랑하는 초음속 전자기 레일 건도 마찬가지다. 이를 함포로 운용하려면 막대한 전력이 드는데, 중국의 구축함에 탑재된 발전기와 통합 배전 시스템 성능은 아직 여기 못 미치는 것으로 미국과 동맹국들은 파악한다.

중국 핵 잠수함이 훈련 중 작전을 시작하자마자 발각돼 망신을 당한 적도 있다.

중국이 스텔스기, 항모, 레일 건 전력 공급 시스템 등의 성능을 완벽하게 구현하려면 과거처럼 미국과 그 동맹국들로부터 꾸준히 기술을 절취하거나, 유학생과 방문 연구원 등을 통해 전수될 수 있어야 한다. 그러나 시진핑의 성급한 군사 굴기와 중국 제조 2025 계획은 이런 길을 스스로 막는 자충수였다. 미국은 현재 중국의 주요 첨단 기업을 제재하는 것을 넘어 미국에 침투한 산업 스파이를 색출한다는 목표 아래 중국 연구원과 유학생들을 추방 중이다. 아울러 원자력 발전 등에 쓰이는 민간용 핵 기술조차 중국으로 수출하지 못하도록 했다.

그 밖에도 미국은 중국을 군사적으로 견제하고자 중거리 핵전력 조약(INF)에서 탈퇴했다. 신형 미사일을 개발해 한국 또는 일본에 배치하는 방안에 착수했으며, 일본과는 미사일 방어 체계(MD)와 우주군 전력 강화에 협력하기로 하는 등 중국의 숨통을 끊임없이 죄고 있다.

중국이 세계 평화에 기여하려면

시진핑이 중국몽을 통해 꿈꾸는 것은 세계 최강의 나라가 되는 것이다. 이를 통해 마오쩌둥과 스탈린을 넘어서는 장기 집권 토대를 마련하고 소수 특권층이 부와 권력을 세습하는 영원한 사회주의 제국을 건설하려는 목표다.

그런데 정상의 자리는 힘으로만 오르고 유지할 수 있는 게 아니다. 강력한 군사력, 경제력과 함께 다른 나라들이 따를 만한 통치 철학과 가치, 도덕적 우월성, 선진적 제도 등을 함께 갖춰야만 선도 국가로서 존경받을 수 있다. 과연 중화인민공화국은 이러한 덕목을 갖춘 나라일까? 중화인민공화국은 인류 진보와 발전에 도움이 되는가?

중, 리더의 품격 갖췄나

국가의 품격은 단순히 경제력과 국방력만으로 평가받는 게 아니다. 인류 공통으로 지향하는 숭고한 가치를 준수하는 실체적 노력, 다른 나라들이 모방하고 도입할 만한 통치 사상과 이념, 힘의 논리가 좌우하는 국가 간 관계지만 최소한 형식적으로 보여 줄 형평성과 예의가 필요하다. 중국은 덩치는 커졌지만 여전히 이런 국격을 갖추지 못한 후진국이다. 갑자기 근육과 재산을 키웠으나 정신 연령은 여전히 10대에 머문 성인과 같다. 언제 어떤 행패를 부릴지 예측할 수 없는 덩치 큰 남성이 옆집에 있는 듯한 느낌이다.

중국이 경제 대국으로 부상하고 국제적 영향력을 키워도 인권 탄압을 자행하는 일당 독재 국가라는 후진적 이미지를 지닌 이상 주변국을 포함한 다른 나라들을 이끌 선도국으로 대우받지 못한다. 아무리 돈이 좋더라도 이런 국격의 나라를 추종한다면 장기적으로 국가 발전과 생존을 보장할 수 없다는 건 역사가 주는 오랜 교훈이다.

현실에서 중국은 선도국은커녕 '민폐 국가'이고, 이웃집을 공포에 떨게 하는 '동네 불한당' 같은 이미지를 심었다. 주변국을 힘으로 억압하고 자원 독식과 영토 팽창을 향한 이기심을 드러냈으며, 환경 오염, 자원 약탈, 각종 질병 확산 등의 주범으로 꼽힌다. 내부적으로는 인권 탄압, 종교 박해, 민주주의 억압, 이민족 차별 등으로 세계인의 지탄을 받는 불량 국가다. 그래서 중국은 결코 G1이 될 수 없으며, 되어서도 안 된다. 군사력과 경제력도 많이 모자랄 뿐 아니라, 무엇보다 현대 민주주의 국가의 모습 대신 봉건 왕조 시대의 악습을 그대로 유지한 나라가 최고의 자리에 오르는 건 불가능하다. 졸부가 지역 유지는 할 수 있겠지만 대통령이 될 수 없는 이치와 마찬가지다.

미국 국무부는 공식적으로 "이웃에 대한 중국의 호전적 태도"를 세계 위협 요인으로 지목하기도 했다. 이웃 나라들은 중국의 횡포와 민폐에 고통받고 있다. 많은 아시아 이웃 국가들이 중국의 영토 확장 야욕으로 분쟁을 겪고 있고, 공해와 각종 전염병이 중국으로부터 넘어와 큰 피해를 본다.

'세계의 굴뚝'으로 불리는 중국은 산업화 과정에서 환경을 무분별하게 파괴했고, 이로 인해 사막화와 대기 오염이 급격히 진행되면서 엄청난 양의 황사와 미세 먼지를 유발했다. 이 중국발 오염 물질들은 편서풍을 타고 한국 국민의 건강과 생명을 위협했다는 연구 결과가 많다.

최근엔 중국 우한에서 발생한 코로나 19 감염증이 중국 당국의 방치 속에 전 세계로 퍼져 수많은 감염자와 사망자를 내며 지구촌 전체를 공포로 몰아넣었다. 심지어 감염자를 '인간 무기'로 적국에 보내는 생물학전에 나섰다는 음모론까지 돌 정도였다. 예전에도 같은 코로나 바이러스 계열인 중증 급성 호흡기 증후군(사스)이 중국 광둥성에서 발원해 세계로 퍼지면서 팬데믹이 됐다. 중국은 상습적인 바이러스 전파 국가로 낙인찍혔다.

중국은 코로나 19에 시달리는 상황에서 인수 공통 전염병인 조류 인플루엔자와 A형 간염, 폐 페스트 등 후진국형 전염병까지 동시다발로 발생했다. 그래서 주변국에 추가로 피해를 줄 가능성도 있다. 일대일로를 타고 확산한 아프리카 돼지 열병도 북한, 한국 등 이웃 나라로 퍼져 우리 돼지 농가에까지 피해를 줬다.

중국이 국제 사회 리더가 되려면 지금과 같은 불한당 이미지를 깨끗이 씻어 내야 한다. 이를 실현하는 유일한 방법은 공산당 일당 독재 체제가 무너지고 민주주의 정부가 들어서는 것이다. 그럼으로써 중국인이 추구하는 가치가 자국민을 억압하고 이웃을 위협하는 것이 아니라 미래 지향적이고 민주적이며 평화적이라는 것을 국제 사회에 인식시켜야 한다. 중화인민공화국의 붕괴와 민주 정부 수립을 통한 새로운 자유민주 국가 건설만이 아시아와 세계 평화 실현에 기여할 유일한 길이다.

다시, 한국의 선택은

역사 속에서 우리 한반도와 중국의 관계는, 우리가 강할 때 중국이 쇠락하고, 중국이 융성하면 우리가 고통을 받는 함수 관계였다. 최근만 봐도 6·25 전쟁 발발 반년 만에 한반도 통일과 자유민주주의 단일 국가 건설을 눈앞에 둔 순간 중공군 참전으로 통일이 좌절되고 많은 사상자가 추가 발생했으며, 대한민국과 조선민주주의인민공화국으로 분단이 굳어졌다. 한국전 당시 더글러스 맥아더 유엔군 총사령관의 중국 핵 공격 계획을 당시 미국 수뇌부가 승인했더라면 지금 일본과 맞먹을 국력을 지닌 대한민국이 혹 존재했을지도 모른다.

중국이 한족 역사에서 최대 제국을 건설한 지금 우리는, 인정하고 싶지 않지만, 더 강해진 중국의 영향권 안에 있는 게 사실이다. 개혁개방 이후 고도 성장을 거듭하며 국력을 키운 중국은 21세기에 들어서자 대한민국에까지 팽창주의 마수를 뻗쳤다. 1953년 휴전 이후 잠잠했던, 한반도에서의 미국과 중국 간 '보이지 않는 전쟁'이 본격 재개한 것으로 볼 수 있는 대목이다.

중국 노동자와 자본이 물밀듯 한국으로 들어오면서 각종 여론에 영향을 미치기 시작했고, 중국 산업 스파이들이 적발되기도 했다. 한국 학계와 시민 사회, 언론계 등에 중국 자본이 흘러들어 가거나 중국이 스폰서 역할을 한다는 의심도 제기됐다. 친중적 시각의 도서, 언론 논조, 학술 논문 등이 확산했다. 중국은 마치 '기회의 땅'인 것으로만 인식되고 있다. 중국이 '동북 공정' 같은 극악한 역사 왜곡을 하거나, 중국인 시위대가 수도 서울 한복판에서 폭력 시위를 벌이거나, 이어도가 중국 땅이라고 주장하거나, 중국 공군기가 우리 영공을 침범하거나, 중국 지도자가 "한국은 중국의 일부였다"고 말했다는 언론 보도가 나와도 반일 감정과 같은 반중 감정은 일어나지 않았다. 상대가 일본이었다면 전쟁이라도 하자고 나설 일이었다. 이는 사대주의를 스스로 느끼지 못할 만큼 우리 국민이 세뇌된 동시에, 우리 내부에 친중 세력 네트워크가 매우 강력하고 공고하다는 점을 보여준다.

국방 주권 사안인 사드 배치에 대한 중국의 보복으로 우리 기업과 노동자, 심지어 한류 연예인들까지 장기간 시련을 겪었다. 일례로 롯데그룹처럼 많은 투자를 하며 중국 경제에 기여했던 기업이 자국 국방력 향상을 도왔다는 이유로 큰 손해를 봤다. 심지어 중국 외교부 실무자급 인사가 우리 기업인들을 만나 "소국이 대국에 대항해서 되겠느냐"는 오만한 협박을 했다는 보도까지 나왔다. 여전히 우리를 속국으로 여기지 않고는 할 수 없는 폭력배 같은 발언이었다.

이런 일들은 한반도가 여전히 휴전 상태임을 오히려 실감 나게 한다. 미국과 소련의 대리전으로 시작했다가 이후 미국과 중국의 대리전으로 변질해 휴지기에 들어간 잔혹한 전쟁이 여전히 지금도 소리 없이 진행 중임을 입증하는 증거들이다.

정보 당국 관계자들은 제주 해군 기지 반대 시위, 한미 자유무역협정(FTA) 반대 운동, 미국산 쇠고기 반대 캠페인, 사드 반대 시위 등에 중국이 관여했다는 여러 정황이 있다고 전한다. 미국, 호주, 서유럽 등 멀리 떨어진 강대국에서도 노골적인 스파이 행위와 여론 개입 공작을 하다 발각된 나라가 바로 중국이다. 지금도 '속국'이라고 여기는 대한민국에서는 중국의 여론 공작과 스파이 행위가 더 횡행할 것으로 봐야 하는 게 '합리적 의심'이다. 현재 대한민국은 중국의 놀이터일 수 있다는 의미다.

중국 동포(조선족)를 비롯한 한국 내 중국인들이 중국 정부의 지령을 받고 온라인에서 여론 조작을 주도한다는 의미의 '차이나 게이트' 의혹이 터져 경찰이 수사에 들어간 것도 그 연장선에서 볼 수 있다. 우리 국민은 쓰지 않는 "나는 개인이오" 같은 생경한 표현들이 한국 포털 사이트에서 발견된다. 저런 표현이 뭘 의미하는지, 그 배경이 무엇인지는 지금은 알 수 없고 예단해서도 안 된다. 하지만 지금 대한민국에서 저런 이상한 일이 실제로 벌어지고 있는 것만은 분명하다.

다행인 것은 우리 젊은이들 사이에서 희망적인 신호가 발견된다는 점이다. 지금 20대 이하는 '새로운 인종'이다. 30대 이상 구세대와는 달리 유아 때부터 번영과 자유민주주의 철학의 세례를 듬뿍 받고

자라났으며, 중국에 대한 콤플렉스도 없다.

이들은 무엇보다 '이성의 프리즘'으로 세상을 볼 줄 안다는 점에서 이전 세대와 구분된다. 특히 학창 시절 이성적 사고를 훈련받을 기회가 없었고 전공 지식과 전문 기술이 크게 부족함에도 고도 성장기 혜택을 누린 덕분에 현재 우리 사회 주요 진영에서 손쉽게 요직을 장악한 대부분 '86 세대'(1980년대 학번, 1960년대생)와는 완전히 대척점에 있는 세대다. 이들 10대와 20대 신세대가 86 세대의 자녀들이면서도 다른 사고를 가졌고, 부모 세대 때문에 취업 시장에 쉽게 접근할 수 없다는 점은 매우 흥미로우면서 주목해야 할 대목이다.

감성적 선동에 끌리는 86 세대와 달리 '팩트'를 신봉하는 이들 신세대는 국내 주요 명문 대학들에서 중국의 여론 개입을 비판하는 대자보를 붙이고 선전전을 펼치며, 대자보를 훼손하려는 중국 유학생과 충돌도 불사한다. 차이나 게이트 의혹을 제기하고 능숙한 IT 기기 사용을 통해 의혹을 논리적으로 증명하려고 시도한다.

대한민국에서 이런 신세대의 등장은 환영할 일이다. 인종주의나 극우주의는 물론 경계해야 하지만, 이웃 강대국의 횡포에 당당히 맞설 줄 아는 젊은 차기 세대가 있다는 건 국가 존속을 보장할 강력한 힘이다. 무엇보다 중국의 전통적 기질이 '약자에 강하고 강자에 약한' 것이었다는 점에서 더 그렇다. 반중 세대의 등장은 중국의 부당한 압력으로부터 국익을 수호할 원동력이 될 수 있다.

중국은 사드 논란 국면 등에서 우리에게 노골적 내정 간섭을 했으나 우리는 제대로 대항하지 못한 채 당하기만 했다. 물론 우리 경제가 피해를 볼까 봐 우려한 외교적 측면도 있다. 그러나 그러한 단기적 전술 부분은 유능한 '커리어 외교관'들이 담당할 몫이다. 당장의 경제적 이익도 중요하지만, 국가 전략은 장기적이어야 한다.

중국은 한국 등 주변국에는 내정 간섭과 횡포를 부렸지만, 지금 미국과 경제 전쟁에서 무참하게 밀리자 "미국이 내정 간섭을 한다"고 주장한다. 약자를 짓밟고 강자에겐 비굴한 중국의 민낯이자, 남에게 저지른 잘못을 그대로 돌려받는 인과응보다.

이런 중국의 습성과 본질을 잘 활용하는 나라들이 있다. 최근엔 베트남과 필리핀이 눈에 띈다.

중국은 베트남과 국경 전쟁을 했고 지금도 남중국해 영유권 문제로 으르렁거리지만, 그래도 베트남에만큼은 눈치를 보고 최대한 예의를 지킨다. 베트남이 단 한 번도 중국의 부당한 요구에 고개를 숙인 적 없이 결기를 보였기 때문이다.

친미에서 친중으로 전환을 시도하며 '중간자 외교'를 자처했던 필리핀조차 중국과 정면으로 맞선 적이 있다. 로드리고 두테르테 필리핀 대통령은 남중국해 스프래틀리 영유권 문제를 놓고 중국이 군사 행동까지 언급하며 협박하자 "이 지역을 침범하면 장병들에게 '자살 임무'까지 준비하라고 지시할 것"이라며 협박했다.

북유럽의 강소국 핀란드가 이웃한 초강대국 소련의 위협에서 살아남을 수 있었던 전략이 바로 '전군전사(全軍全死)'였다는 점도 우리에게 시사하는 바가 크다. 전군전사는 모든 병력이 사망할 때까지 싸운다는 뜻이다. 적국에 주요 이익을 빼앗긴 채 목숨을 부지하는 건 아무 의미가 없다는 철학에서 비롯된 불퇴전의 전략이다. 덩치와 힘에서 비교조차 되지 않지만 "우리를 다 죽일 때까지 우리를 굴복시킬 수 없다"고 나오는데 겁내지 않을 상대는 없다.

베트남을 비롯한 동남아 국가들의 결기를 보며, 과거 중국 베이징 인민대회당에서 시진핑 주석을 취재차 직접 만났을 때 씁쓸한 감정을 느꼈던 기억이 떠오른다. 당시 동행했던 일부가 시 주석과 인사를 나누던 모습에서 마치 과거 조선 대신들이 황제를 알현하는 것 같은 인상을 받았기 때문이다.

중국 굴기와 한반도

중국이 오랜 침묵을 깨고 세상 밖으로 기지개를 켠 지도 벌써 40여 년이 지났다.

중국은 그동안 비약적 경제 발전을 이뤘고 글로벌 제조업 기지로 도약하면서 미국 다음으로 강력한 힘을 가진 나라로 부상했다.

하지만 지금 중국을 바라보는 세계인의 시선은 어떤가? 중국은 민주주의 제도를 실현하고 지속 가능한 발전을 지향하는 동시에 이웃 나라와 선린 우호 관계를 이어 가는 모범 국가로서 인류에게 더 나은 미래를 제시하고 있는가?

아쉽게도 세계 무대 중앙에 선 중국은 갑자기 커진 힘을 주체할 정신적 기반과 도덕적 가치를 관객들에게 보여 주지 못했다. 국제 사회를 이끄는 주요 국가들이 중국을 바라보는 관점은 부정적이다. 인권과 자유를 탄압하고 환경을 파괴하며 다른 나라 내정을 간섭하고 지식을 도둑질하며 군사적으로 위협하는 불한당으로 여기는 게 정확하고 냉정한 현실이다.

미국의 목표는 중국몽을 좌절시키는 것은 물론, 악으로 규정한 중국이 다시는 발호하지 못하도록 싹을 잘라 내는 것이다. 미국은 중국이 첨단 기술과 국방력에서 우위를 갖지 못하도록 모든 수단과 가능성을 봉쇄하고, 중국을 세계 제조 공급망의 중심에서 밀어내는 한편, 미국이 만든 자유무역 질서와 금융망에서 중국이 불공정하게 폭리를 취하지 못하게 하려는 행동 계획을 차근차근 이행 중이다. 현재 미국이 중국을 향해 날리는 모든 제재와 압박은 이런 배경에서 진행되고 있음을 이해하는 것은 무엇보다 중요하다.

리처드 닉슨 전 대통령이 "속았다"고 탄식했듯, 미국은 궁극적으로 중국이 '배신의 대가'를 치르게 할 생각이다. 현재까지 그 결심에는 흔들림이 없다.

미국은 각종 경제 제재에 더해 대만을 사실상 국가로 인정하고 홍콩, 신장 및 티베트 자치구의 민주화 및 해방 운동에 강하게 힘을 실으면서 중국 공산당 붕괴와 중국의 사분오열을 부추기고 있다.

한때 사회주의 동맹이었던 러시아는 이제 중국과 밀월 관계가 아니다. 사회주의가 망상임이 드러나고 실용주의가 자리 잡은 시점에서 러시아는 인종적으로, 종교적으로 중국과 일체감을 갖기 어렵다. 우크라이나 사태 때 당한 제재로 타격을 받으면서 미국의 행보에 정면으로 맞설 여력도 모자란다. 전략적으로도 중국의 사분오열은 러시아의 손익 계산서에서 부정적 측면보다 긍정적 측면이 적지 않다.

강대국 가운데 현재 확실한 중국 편은 없다고 보면 된다. 미국은 곧 세계다. 세계는 미국과 그 동맹국을 중심으로 여전히 돌아가고 있음을 인지해야 한다.

피터 자이한은 대한민국의 21세기 지정학적 생존 전략으로 중국과 거리를 두는 대신 일본과 관계 개선을 통한 한미일 동맹 강화가 절실하다고 강조했다. 필자의 지인에게 전한 말이다. 『총, 균, 쇠』의 저자 재러드 다이아몬드와 스트랫포 설립자인 조지 프리드먼 등 세계적으로 저명한 역사 및 전략 전문가들도 중국의 몰락과 쇠퇴를 예상하고 있다. 대만 언론에 따르면 중국 공산당 내부에서는 "당이 2020년까지 버틸 수 있겠느냐?"는 우려가 꽤 구체적 증거와 함께 제기됐던 것으로 알려졌다. 이것이 정확한 정보라면, 중국 공산당조차 이르면 올해를 넘기지 못하고 스스로 붕괴될 가능성을 걱정할 만큼 어려운 처지라는 얘기다.

따라서 우리를 포함한 주변국들은 중국몽을 따르는 대신, 중국 공산당 붕괴와 중국 분할 시나리오에 대비해야 할 필요가 있다.

소련의 붕괴도 갑작스럽게 느껴질 만큼 생각보다 빨리 일어났다. 역사 속 승리는 기회를 대비하고 쟁취하는 자의 것이었다. 통일이든 고토(故土) 수복이든, 전략적 준비가 돼 있지 않다면 그 꿈을 실현할 기회가 돌연 주어지더라도 잡을 수 없다.

한반도는 현재 총성 없는 전쟁 중이다. 이 모든 배후에 한미 동맹 해체를 획책하는 중국의 팽창주의가 도사리고 있다. 한반도는 지정학적으로 대륙 세력과 해양 세력이 끊임없이 충돌해 왔으며, 앞으로도 그럴 수밖에 없는 불행한 지역이다.

하지만 위기는 기회의 또 다른 이름이다. 부패하고 유약한 말기 조선 왕조가 반복했던 실기와 오판에서 교훈을 얻고 과거 조선인의 사고와는 다른 뉴 패러다임으로 움직인다면 대한민국은 오히려 새로운 전기를 맞을 수도 있다.

과거 역사 속에서 배신의 말로는 참담했고, 눈앞의 이득과 찰나의 달콤함, 순간의 이기심을 좇는 나라가 잘된 사례는 찾아보기 어렵다. 미국의 '중국 붕괴 작전'은 오래 지속하지 못할 것이라는 친중주의자들의 예상을 깨고 현재 흔들림 없이 진행 중이며 앞으로도 계속 그럴 것이다. 미국과 서방 동맹국들은 기독교적 잠재의식을 공유하는 러시아까지 포함하는 새로운 주류 연합체가 이끄는 형태로 국제 사회를 재편함으로써 중국을 압박할 것이다. 중국이 소외되는 새로운 국제 질서가 펼쳐질 일말의 가능성조차 미리 대비하는 것만이 과거의 비극을 재현하지 않을 길이다.

냉혹한 국제 정치 게임에서 중간자는 존재하지 않는다. 선택은 두렵고 막중한 책임이 따르는 것이지만, 결국 선택의 순간이 다가왔을 때는 결단을 내릴 수밖에 없다.

주

1   1944년 미국 뉴햄프셔주 브레턴우즈에서 44개국이 참가해 열린 회의에서 체결한 국제 통화 체제. 미국 달러화를 기축 통화로 정하고 금 1온스를 35달러에 고정해 통화 가치 안정을 도모했기에 금환본위제라고 한다. 이 시스템을 운영하고자 국제통화기금(IMF)과 세계은행(WB)이 출범했다.

2   Peter Zeihan, *The Absent Superpower: The Shale Revolution and a World Without America*, Zeihan on Geopolitics, 2017.

3   중국 해관총서(海關總署) 2019년 1월; 미국 관세청 2020년 1월.

4   "Remarks by President Trump in State of the Union Address," White House, 2019. 2. 6.

5   "Remarks by President Trump to the 74th Session of the United Nations General Assembly," White House, 2019. 9. 25.

6   "Full Speech: Nikki Haley's speech on capitalism at the Hudson Institute," *Stand for America*, 2020. 2. 26.

7   "중국, 시진핑 6년 전 사회주의 옹호 발언 띄우는 이유", 조선일보 2019. 4. 1.

8   *National Security Strategy of the United States of America*, White House, 2017. 12. 20.

9   *2018 National Defense Strategy of the United States*, Department of Defense, 2018. 1. 9.

10 "Harry Kazianis: China is the new evil empire, and Trump is using Reagan's playbook to defeat it," *Fox News*, 2019. 9. 9.

11 Annie Karni, "Trump rants behind closed doors with CEOs," *Politico*, 2018. 8. 8.

12 "Remarks by President Trump in Press Conference After Midterm Elections," White House, 2018. 11. 7.

13 한국무역협회, 2020. 1.

14 "White House adviser compares China trade talks to Cold War," *AP*, 2019. 9. 7.

15 *Investigative Report on the U.S. National Security Issues Posed by Chinese Telecommunications Companies Huawei and ZTE*, U.S. House of Representatives, 112th Congress, 2012. 10. 8.

16 "Huawei CVs show close links with military, study says," *Financial Times*, 2019. 7. 7.

17 "Huawei Personnel Worked with China Military on Research Projects," *Bloomberg*, 2019. 6. 27.

18 "Leaked documents reveal Huawei's secret operations to build North Korea's wireless network," *Washington Post*, 2019. 7. 22.

19 "All Signs Point to One Man as Chinese Spy in Feinstein's Staff, and He Wasn't a Driver," *Daily Caller*, 2018. 8. 6.

20 "Chief Investment Officer of Largest US Public Pension Fund Has Deep Ties to Chinese Regime," *Epoch Times*, 2019. 7. 11.

21 "Trump rants behind closed doors with CEOs."

22 "Former DIA Officer Who Spied for China Hated Trump," *Washington Free Beacon*,

2019. 3. 20.

23 "ASIO investigating reports of Chinese plot to install agent in Parliament," *ABC*, 2019. 11. 25.

24 "Former senior E.U. diplomat investigated over China spying claims," *Washington Post*, 2020. 1. 17.

25 『중국, 인재의 블랙홀』, 한국무역협회, 2019.

26 한국은행 2020. 1.

27 "China's Companies Have Unseen Foreign Debt That's Maturing Fast," *Bloomberg*, 2019. 8. 26.

28 Dinny McMahon, *China's Great Wall of Debt: Shadow Banks, Ghost Cities, Massive Loans, and the End of the Chinese Miracle*, Houghton Mifflin Harcourt, 2018.

29 "중국의 부채 리스크 현황", 코트라, 2019. 10. 31.

30 "Life as one of China's 13 million 'deadbeats' means slow trains, special ring tones," *South China Morning Post*, 2019. 3. 26.

31 "A fifth of China's urban housing supply lies empty, equivalent to 50 million homes," *Bloomberg*, 2018. 11. 9.

32 "China's Entrepreneurs Are Wary of Its Future," *New York Times*, 2019. 2. 23.

33 "China local governments forced to rob Peter to pay Paul to honour rising debt mountain," *South China Morning Post*, 2019. 4. 3.

34 "Contractors hit as China local government defaults rise," *Financial Times*, 2019. 11. 11.

더 읽을 자료

리처드 맥그레거, 송예슬 옮김, 『미국, 새로운 동아시아 질서를 꿈꾸는가: 미중일 3국의 패권전쟁 70년』, 메디치미디어, 2019.

박철현 외, "중국현대를 읽는 키워드 100", 국민대학교 중국인문사회연구소·네이버 지식백과.

조관희, 『조관희 교수의 중국 현대사: 신해혁명부터 홍콩 반환까지』, 청아, 2019.

최윤식·최현식, 『앞으로 5년 한국의 미래 시나리오』, 지식노마드, 2019.

케리 브라운, 권은하 옮김, 『시진핑의 중국몽: 시진핑의 중국은 어디로 가는가』, 시그마북스, 2019.

파스칼 보니파스, 최린 옮김, 『지정학: 지금 세계에 무슨 일이 벌어지고 있는가?』, 가디언, 2019.

하버드대학 중국연구소, 이은주 옮김, 『하버드대학 중국 특강: 하버드 석학들의 36가지 질문, 중국의 현재와 미래를 묻다』, 미래의창, 2018.

Peter Navarro and Greg Autry, *Death by China: Confronting the Dragon — A Global Call to Action*, Pearson FT Press, 2011.

U.S.A. History In Brief, US Department of State, 2010.

에필로그

중국몽이 일장춘몽일 수밖에 없다는 것을 말해 주는 각종 팩트와 징후가 이미 수년 전부터 세계 곳곳에서 쏟아졌지만, 한국에서는 이런 현상을 냉철하고 구체적으로 짚어 주는 책과 논문, 언론 보도 등을 찾아보기 어려워 안타깝습니다. 오랜 중화 사대주의의 영향에서 벗어나지 못한 탓인지, 중국몽의 좌절 조짐을 제대로 짚어 주거나 중국의 공격적 패권주의가 한반도 정세에 어떤 악영향을 줄지 등에 대한 심층적 분석을 찾아보기 힘든 현실입니다. 중국 관련 서적들은 대부분 경제와 무역 등 분야에서 청사진만을 제시할 뿐이고, 근래 미중 충돌을 주제로 한 책들이 나오고 있지만 피상적이거나 엇나간 예상이 대부분입니다. 언론 보도 역시 중국을 미국과 대등한 존재로 보이게 하는 시각이 적지 않습니다. 여전히 중국이 G1(세계 최강대국)이 된다는 출판물들이 쏟아지고 있습니다.

지금 중국 내부에서조차 중국몽의 허상을 지적하고 비판하는 의견들이 나오는 상황에서, 국내 학계, 정치권, 언론 등이 중국을 제대로 관찰하고 분석하고 비판하지 못한다면 우리 사회는 분명히 어딘가 크게 고장 난 것으로 봐야 할 것입니다. 중국몽의 허상을 냉정하게 짚고 현실을 올곧게 인식할 수 있도록 돕는 자료가 우리 사회에서 더 많이 생산돼야 한다고 생각하는 이유입니다.

이 저술은 중국이 제국주의 욕망을 실현하고 독재 체제를 영속하고자 내세운 국정 목표인 '중국몽'이 사실은 얼마나 허황되고 실현 불가능한 일인지, 세계 각국에 어떤 부정적 폐해를 끼치고 있는지를 여러 증거를 통해 보여 주기 위해 시작됐습니다. 나아가 중국 공산당과 시진핑 정권이 체제 유지를 위해 내세운 중국몽이 오히려 독재 정권의 수명을 단축하는 자충수가 됐음을 드러내려는 작업이기도 합니다.

2018년 상반기에 중국몽의 좌절 조짐을 여러 경로를 통해 확인하고 이 책을 준비하기 시작했을 때만 해도 전체적인 콘셉트는 중국몽의 실체와 배경, 현황과 어두운 전망 등을 구체적으로 짚어 주는 정도였습니다. 학계와 언론계에 친중 시각이 팽배했기에 중국몽의 허점을 그대로 보여 주는 것만으로도 긍정적 자극이 될 것으로 봤기 때문입니다.

그러나 미국의 '중국 죽이기' 속도와 강도가 당시 필자의 예상보다도 더 빠르고 강해지면서 중국몽의 좌절은 더 이상 뉴스가 아닐 수도 있는 상황이 됐습니다. 미국 대통령 선거가 있는 2020년 들어서는 코로나 19 바이러스 확산 사태까지 터지면서 미국 정부는 중국에 대한 공격 수위를 믿기 어려울 만큼 높이고 있습니다. 우리가 실감하지 못하는 사이 중국은 전방위적 위기에 빠졌고 우리를 둘러싼 국제 정세는 급격히 악화하고 있습니다. 따라서 중국 쇠락과 침몰의 조짐과 증거를 더 다양하게, 더 구체적으로 보여 주는 작업으로 집필 방향을 수정해야 했습니다. 이를 통해 중국의 쇠락 가능성도 함께 염두에 둔 국가 전략이 마련되는 데 일조하려는 의도입니다.

이 책은 중국몽은 왜 이뤄질 수 없는지, 그리고 중국몽은 왜 중국 사회주의 독재 체제를 붕괴로 이끌지도 모를 악재로 떠올랐는지를 여러 근거와 현상을 통해 상세히 설명했습니다. 책의 근거 자료들은 대부분 미국을 위시한 서구 선진국들의 것입니다. 중국은 통계 조작 국가로 이미 낙인찍혀 국제기구와 경제 단체들에서도 중국의 자료와 통계를 신뢰하지 않기 때문입니다. 후안강 사태의 사례에서 보듯 이제는 중국 학자들조차 자국 정부 자료를 믿지 않는 현상이 나타납니다. 중국이 언론과 소셜 미디어 등을 관에서 통제하는 반민주 독재 국가라는 점도 중국에서 나오는 주장과 자료를 믿을 수 없게 만듭니다.

미국만큼 제거하기로 마음먹은 상대국에 대한 통계와 정보를 철저히 관리하는 나라가 없다는 사실도 미국의 프리즘을 통해 중국을 보는 이유입니다. 안보를 위협하는 적성국의 통계 및 정보가 과장되거나 반대로 축소 보고돼 오판할 경우 국가 생존 자체가 흔들릴 수 있다는 점을 미국은 잘 알고 있습니다. 현재 미국의 모든 대외적 관심은 중국에 쏠려 있습니다. 미국은 그 어느 때보다 중국과 관련한 정확한 자료를 얻고 분석하는 데 정보력을 집중하고 있으며, 가용한 모든 자원을 동원해 중국 견제에 진력하고 있습니다.

세계에서 중국을 가장 있는 그대로 정확하게 알아야만 하는 나라가 어디일까요? 현존 최대 사회주의 독재 국가인 중국이 중국몽을 이루고 세계 최강이 된다면, 또는 반대로 중국몽이 좌초해 중국이 몰락한다면, 인접국인 우리나라에는 어떤 일들이 일어날까요? 대한민국의 명운을 가르게 될 중대 사안이지만 불행하게도 우리 국민 다수는 이런 고민을 심각하게 하고 있지 않은 듯합니다.

불행히도 우리는 과거부터 국제 관계에서 어김없이 잘못된 선택지를 뽑아 들었고, 그 오판 때문에 오랜 시간 큰 고통을 받았습니다. 그랬던 민족성과 DNA가 한 세기 만에 바뀌는 건 쉽지 않겠지만, 감정적 사고 대신 냉정한 현실 인식과 판단만이 실수를 되풀이하지 않을 길입니다. 느끼지 못하는 사이에 우리 생명과 안전을 위협할 수 있는 문제들이 중국이 드리운 어두운 그림자 속에서 빠른 속도로 현실화하고 있습니다. 잘못된 판단과 예측이 재현된다면 우리를 다시 엄청난 비극 속으로 몰아넣을지 모를 절체절명의 시간이 다가왔습니다.

집필 시작 때부터 필자가 예측했던 일들이 최근 들어 빠르게 현실로 드러나고 있습니다. 2년 전만 해도 필자가 미중 간에 이념과 체제 대결 성격을 띤 '사생결단'의 정면충돌이 일어날 것이라는 분석을 주변에 전해 주면 믿을 수 없다는 반응이 대다수였지만, 이제 실제로 그런 사태가 눈앞에서 벌어지고 있습니다.

이 책 제작을 마무리하는 동안에도 미중 간 충돌 수위는 하루가 다르게 심각해지는 형국입니다. 미국 정부가 '중국 공산당(CCP) 제거'라는 목표를 공식으로 거론하기 시작하면서 세계정세는 역사적 대전환점을 맞았습니다. 지금이라도 늦지 않았습니다. 과거 오판을 돌아보고 현실을 직시하는 국민이 많아질수록 고통의 역사가 되풀이되는 것을 막을 수 있습니다.

이 책을 쓰는 데 많은 분들의 도움을 받았습니다. 저술을 지원해 준 관훈클럽 정신영기금에 감사드립니다. 과분한 추천사로 격려해 주신 김성환 장관님, 천영우 수석님, 이춘근 박사님, 박형준 총장님, 김상협 센터장님께 감사 인사를 드립니다. 하룻밤에 초고를 완독하고 출간을 승낙해 주신 기파랑 안병훈 사장님과 박정자 주간님, 정돈되지 않은 원고를 단행본답게 손질해 준 김세중 편집위원께도 감사드립니다. 그 밖에 음지에서 도움을 준 많은 분들을 일일이 거명하지 못합니다.

무엇보다, 힘이 돼 준 가족에게 고개 숙여 감사합니다.

2020년 8월
이승우